全国交通运输职业教育教学指导委员会规划教材
教育部中等职业教育汽车专业技能课教材

Qiche　　Meirong

# 汽车美容

全国交通运输职业教育教学指导委员会
中国汽车维修行业协会　组织编写
赵俊山　胡克晓　主　编
赵　平　副主编

人民交通出版社股份有限公司
China Communications Press Co.,Ltd.

## 内容提要

本书为全国交通运输职业教育教学指导委员会规划教材。全书共 7 个单元，主要内容为：概述，汽车美容护理工具与设备，汽车清洗与美容用品，汽车外部的清洁护理，汽车内饰的清洁护理，汽车车身漆面的美容和汽车玻璃贴膜。

本书主要作为中等职业教育汽车车身修复专业教材使用，也可作为其他汽车类专业的教学参考资料。

### 图书在版编目(CIP)数据

汽车美容／赵俊山，胡克晓主编．—北京：人民交通出版社股份有限公司，2017.3

全国交通运输职业教育教学指导委员会规划教材．教育部中等职业教育汽车专业技能课教材

ISBN 978-7-114-12315-3

Ⅰ．①汽⋯ Ⅱ．①赵⋯ ②胡⋯ Ⅲ．①汽车—车辆保养—中等专业学校—教材 Ⅳ．①U472

中国版本图书馆 CIP 数据核字(2015)第 130978 号

| 书　　　名： | 汽车美容 |
|---|---|
| 著 作 者： | 赵俊山　胡克晓 |
| 责任编辑： | 夏　犇 |
| 出版发行： | 人民交通出版社股份有限公司 |
| 地　　　址： | (100011)北京市朝阳区安定门外外馆斜街 3 号 |
| 网　　　址： | http://www.ccpcl.com.cn |
| 销售电话： | (010)59757973 |
| 总 经 销： | 人民交通出版社股份有限公司发行部 |
| 经　　销： | 各地新华书店 |
| 印　　刷： | 北京市密东印刷有限公司 |
| 开　　本： | 787×1092　1/16 |
| 印　　张： | 8.25 |
| 字　　数： | 188 千 |
| 版　　次： | 2017 年 3 月　第 1 版 |
| 印　　次： | 2022 年 7 月　第 4 次印刷 |
| 书　　号： | ISBN 978-7-114-12315-3 |
| 定　　价： | 20.00 元 |

(有印刷、装订质量问题的图书由本公司负责调换)

# 编审委员会

主　　任：王怡民(浙江交通职业技术学院)

副 主 任：刘建平(广州市交通运输职业学校)　　杨经元(云南交通技师学院)
　　　　　赵　琳(北京交通运输职业学院)　　　张京伟(中国汽车维修行业协会)
　　　　　陈文华(浙江交通职业技术学院)　　　王凯明(中国汽车维修行业协会)

特邀专家：朱　军(中国汽车维修行业协会)　　　魏俊强(北京祥龙博瑞汽车服务有限公司)
　　　　　张小鹏(庞贝捷漆油(上海)有限公司)　刘　亮(麦特汽车服务股份有限公司)

委　　员：(按姓氏笔画排序)
　　　　　毛叔平(上海市南湖职业学校)　　　　王　健(贵阳市交通技工学校)
　　　　　王彦峰(北京交通运输职业学院)　　　王　强(贵州交通职业技术学院)
　　　　　占百春(苏州建设交通高等职业技术学校)　刘新江(四川交通运输职业学校)
　　　　　刘宣传(广州市公用事业技师学院)　　齐忠志(广州市交通运输职业学校)
　　　　　吕　琪(成都工业职业技术学院)　　　李　青(四川交通运输职业学校)
　　　　　李雪婷(成都汽车职业技术学校)　　　李春生(广西交通技师学院)
　　　　　李文慧(新疆交通职业技术学院)　　　李　晶(武汉市东西湖职业技术学校)
　　　　　陈　虹(浙江交通技师学院)　　　　　陈文均(贵州交通技师学院)
　　　　　陈社会(无锡汽车工程中等专业学校)　张　炜(青岛交通职业学校)
　　　　　杨永先(广东省交通运输高级技工学校)　杨承明(杭州技师学院)
　　　　　杨建良(苏州建设交通高等职业技术学校)　杨二杰(四川交通运输职业学校)
　　　　　陆松波(慈溪市锦堂高级职业中学)　　何向东(广东省清远市职业技术学校)
　　　　　邵伟军(杭州技师学院)　　　　　　　周志伟(深圳市宝安职业技术学校)
　　　　　林育彬(宁波市鄞州职业高级中学)　　易建红(武汉市交通学校)
　　　　　林治平(厦门工商旅游学校)　　　　　胡建富(浙江交通技师学院)
　　　　　赵俊山(济南第九职业中等专业学校)　赵　颖(北京交通运输职业学院)
　　　　　荆叶平(上海市交通学校)　　　　　　郭碧宝(广州市交通技师学院)
　　　　　姚秀驰(贵阳市交通技工学校)　　　　崔　丽(北京市丰台区职业教育中心学校)
　　　　　曾　丹(佛山市顺德区中等专业学校)　蒋红梅(重庆市立信职业教育中心)
　　　　　喻　媛(柳州市交通学校)

秘 书 组：李　斌　翁志新　戴慧莉　刘　洋(人民交通出版社股份有限公司)

# 前言

  为深入贯彻落实全国职业教育工作会议精神和《国务院关于加快发展现代职业教育的决定》，促进职业教育专业教学科学化、标准化、规范化，教育部组织制定了《中等职业学校专业教学标准（试行）》。全国交通运输职业教育教学指导委员会具体承担了汽车运用与维修（专业代码082500）、汽车车身修复（专业代码082600）、汽车美容与装潢（专业代码082700）、汽车整车与配件营销（专业代码082800）4个汽车类专业教学标准的制定工作。

  根据教育部《关于中等职业教育专业技能课教材选题立项的函》（教职成司函［2012］95号）文件精神，人民交通出版社申报的上述4个汽车类专业技能课教材选题成功立项。

  2014年10月，人民交通出版社联合全国交通运输职业教育教学指导委员会、中国汽车维修行业协会在北京召开了"教育部中等职业教育汽车专业技能课教材编写会"，并成立了由全国交通运输职业教育教学指导委员会领导、中国汽车维修行业协会领导、知名汽车维修专家及院校教师组成的教材编审委员会。会上，确定了4个汽车类专业34本教材的编写团队及编写大纲，正式启动了教材编写。

  教材的组织编写，是以教育部组织制定的4个汽车类专业教学标准为基本依据进行的。教材从编写到成稿形成以下特色：

  1. "五位一体"的编审团队。从组织编写之初，就本着"高起点、高标准、高要求"的原则，成立了由国内一流的院校、一流的教师、一流的专家、一流的企业、一流的出版社组成的五位一体的编审团队。

  2. 精品化的内容。编审团队认真总结了中职院校的优秀教学成果，结合了企业的职业岗位需求，吸收了发达国家的先进职教理念。教材文字精练、插图丰富，尤其是实操性的内容，配了大量实景照片。

  3. 理实一体的编写模式。教材理论内容浅显易懂，实操内容贴合生产一线，将知识传授、技能训练融为一体，体现"做中学、学中做"的职教思想。

4. 覆盖全国的广泛适用性。本套教材充分考虑了全国各地院校的分布和实际情况,涉及的车型和设备具有代表性和普适性,能满足全国绝大多数中职院校的实际需求。

5. 完善的配套。本套教材包含"思考与练习""技能考核标准",并配有电子课件和微视频,以达到巩固知识、强化技能、易教易学的目的。

《汽车美容》是本套教材中的一本。本教材从中职教学实际出发,与生产实际紧密结合,融入了汽车美容行业的新材料、新工艺知识,文字简洁,图文并茂,有利于激发学生学习的积极性,提高学习效果。

本书的编写人员分别为:济南第九职业中等专业学校的赵俊山、胡克晓、赵平、曹禄义、景志阳、胡忠义和路永壮。全书由赵俊山、胡克晓担任主编,赵平担任副主编。

限于编者水平,又是完全按照新的教学标准编写,书中难免有不当之处,敬请广大院校师生提出意见和建议,以便再版时完善。

编审委员会<br>2016 年 3 月

# 目录 Contents

单元一　概述 ····················································································· 1
　课题一　汽车美容概述 ····································································· 1
　课题二　汽车美容的主要项目 ··························································· 3
　课题三　汽车美容的依据和原则 ······················································· 4
　单元小结 ························································································· 5
　思考与练习 ····················································································· 6

单元二　汽车美容护理工具与设备 ······················································· 7
　课题一　汽车美容工具与设备 ··························································· 7
　课题二　汽车常用护理工具与设备 ··················································· 14
　单元小结 ······················································································· 23
　思考与练习 ··················································································· 24

单元三　汽车清洗与美容用品 ····························································· 25
　课题一　汽车清洗用品 ··································································· 25
　课题二　汽车美容用品 ··································································· 33
　单元小结 ······················································································· 40
　思考与练习 ··················································································· 41

单元四　汽车外部的清洁护理 ····························································· 43
　课题一　车身清洗 ········································································· 43
　课题二　新车开蜡 ········································································· 49
　课题三　漆面附着物清除 ······························································· 51
　课题四　打蜡上光 ········································································· 53
　课题五　封釉护理 ········································································· 56
　课题六　汽车外饰的清洁护理 ························································· 58
　单元小结 ······················································································· 59
　技能训练 ······················································································· 60
　思考与练习 ··················································································· 70

## 单元五　汽车内饰的清洁护理 ……………………………………………… 72
### 课题一　汽车车室的清洁护理 ………………………………………… 72
### 课题二　汽车发动机室和行李舱的清洁护理 ………………………… 79
### 单元小结 ………………………………………………………………… 80
### 技能训练 ………………………………………………………………… 81
### 思考与练习 ……………………………………………………………… 82

## 单元六　汽车车身漆面的美容 …………………………………………… 84
### 课题一　车身漆面美容护理基本常识 ………………………………… 84
### 课题二　研磨、抛光与还原 …………………………………………… 90
### 课题三　漆面失光处理 ………………………………………………… 96
### 课题四　漆面划痕处理 ………………………………………………… 99
### 单元小结 ………………………………………………………………… 105
### 技能训练 ………………………………………………………………… 105
### 思考与练习 ……………………………………………………………… 109

## 单元七　汽车玻璃贴膜 …………………………………………………… 111
### 课题一　汽车太阳膜的基本常识 ……………………………………… 111
### 课题二　太阳膜的施工过程 …………………………………………… 114
### 单元小结 ………………………………………………………………… 121
### 思考与练习 ……………………………………………………………… 121

## 参考文献 …………………………………………………………………… 123

# 单元一 概 述

>  **学习目标：**
>
> 1. 了解汽车美容产业的现状,汽车美容的概念,汽车美容的必要性;
> 2. 掌握汽车美容的主要项目;
> 3. 掌握汽车美容的依据,汽车美容的原则。
>
>  **建议课时：**
>
> 4课时。

## 课题一 汽车美容概述

### 一 现代汽车的黄金产业——汽车美容

根据欧美国家统计,在一个完全成熟的国际化汽车市场中,汽车的制造以及销售利润在整个汽车业的利润构成中仅占20%,零部件的供应利润占20%,而50%~60%的利润全部是从汽车后市场服务业中产生的。目前,美国汽车美容养护店的数量比例占汽车保养维修企业数量的80%。

我国汽车美容行业起步相对较晚,到20世纪90年代初才出现,服务项目、内容、工艺、质量及标准等都很不规范。进入90年代中期,我国的汽车工业得以快速发展,特别是私家车的保有量不断增多,同时由于汽车文化的日益深入以及文明程度的不断提高,汽车维修业及相配套的服务性行业也迅速发展,汽车美容业就是其中较为热门的行业。目前,汽车美容在我国已被越来越多的人所接受,并成为一种时尚。

## 二 汽车美容的概念

早期的汽车清洁大都由驾驶员自己动手进行,工具也极为简单,仅用一条水管、一把刷子、一个水桶、一包洗衣粉和一块抹布。这种清理方法不但不能做好车辆的清洁护理工作,反而会造成面漆的损伤和新的锈蚀,进而缩短汽车的使用寿命。

"汽车美容"在西方国家被称为"Car Beauty"或"Car Care"。西方国家的汽车美容业随着整个汽车产业的发展已经达到非常完善的地步。他们形容这一行业为"汽车保姆"(Car care center),也称作"第四行业"。所谓第四行业,顾名思义,是针对汽车生产、销售、维修三个行业而言的。汽车保养护理,已成为普及性的、专业化很强的服务行业,它是一种全新的汽车养护概念,与一般的汽车打蜡有着本质的区别。

汽车美容不只是简单的汽车打蜡、除渍、除臭、吸尘及车内外的清洁服务等常规美容护理,而是指针对汽车各部位不同材质所需的保养条件,利用专业美容系列高科技技术设备,采用不同性质的汽车美容护理产品及施工工艺,对汽车进行全新的保养护理。它不仅能使汽车焕然一新,保持艳丽的光彩;更能达到旧车变新,新车保值,延寿增益的功效。

## 三 汽车为什么要美容

正如人们护理皮肤一样,皮肤如果得不到爱护就会变得粗糙,失去弹性和光泽,就会未老先衰,汽车的车身维护也同样如此。

通常情况下,车身表面主要受到以下几方面的侵害:

**❶ 紫外线对漆面的侵害**

阳光中含有强烈的紫外线,汽车油漆经过长期的阳光照射,漆层内部的油分会大量损失,漆面日益变得干燥,于是出现失光、异色斑点、甚至龟裂。

**❷ 有害气体对漆面的侵害**

大气中的有害气体,如二氧化硫、二氧化碳、二氧化氮等含量随着全球大气污染的日益严重在增高。汽车在高速行驶中车体与空气摩擦使车身表面形成一层强烈的静电。静电吸附的灰尘、有害气体分子附着物逐渐加厚,时间久了就会形成一层顽固的交通膜持续损伤漆面。由于交通膜的产生,使得原来很光亮的车身变得暗淡起来,颜色也不那么鲜艳了,同时严重影响以后上蜡的质量。

**❸ 雨水对漆面的侵害**

由于工业污染,使雨水中二氧化硫、二氧化碳、盐分及其他有害物质的含量越来越多而形成酸雨,造成对漆面的持续侵害。在热带、海边等地区的潮湿空气中盐分含量很高,也会对车身产生持续的侵蚀。

**❹ 其他因素对车漆的损害**

汽车在运行过程中也会受到外界的伤害,如车漆被硬物等划伤和擦伤、鸟粪和树胶等黏附于漆面而形成的侵害。

由以上种种原因造成的漆面伤害,不是简单的洗车和普通的汽车美容能够轻易消除的,只有通过专业的汽车美容才能得到真正的清洁护理。

## 课题二　汽车美容的主要项目

汽车专业美容护理的特点是施工项目多、覆盖范围广,既有简单项目也有复杂项目,可随意组合,服务灵活多变,作业时间短、见效快,当前流行的汽车美容与护理的主要项目如下。

### 一　汽车内外饰清洁护理

汽车内外饰清洁护理包括:

**1　汽车外部清洁护理**

汽车外部清洁护理包括车身的清洁护理与玻璃、电镀件、塑胶件、轮辋、轮胎、保险杠等的清洁护理以及"底盘装甲"等内容。其中车身的清洁护理包括高压洗车、新车开蜡、沥青焦油等污物的去除与打蜡或封釉护理。

**2　汽车内饰清洁护理**

汽车内饰清洁护理包括车室美容、发动机美容及行李舱清洁等项目。其中车室美容包括仪表板、顶棚、地毯、脚垫、座椅、座套、车门内饰的吸尘清洁保护,以及蒸汽杀菌、冷暖风口除臭、室内空气净化等项目。发动机美容包括发动机冲洗清洁、喷上光保护剂、做翻新处理等清洁、检查、维护项目。

### 二　车身漆面美容

汽车美容店所做的车身漆面美容护理服务项目主要有护理性美容作业与漆面划痕处理项目。

**1　护理性美容作业项目**

汽车在外部清洗之后的漆面美容护理项目主要有:漆面研磨、抛光、还原、打蜡或封釉护理。

(1)研磨:去除漆膜表面的氧化层、轻微划痕等缺陷,漆面划痕修复时也会用到研磨抛光工序。但由于修复的划痕轻微,主要配合其他护理作业,便可消除缺陷,所以本书将研磨列入漆面护理美容的范围。研磨完后还要抛光、还原,这是三道连续的工序,研磨是漆面轻微缺陷修复的第一步,要求使用专用的研磨剂,用研磨/抛光机作业。

(2)抛光:抛光是紧接着研磨的第二道工序。其目的是去除研磨留下的打磨痕迹,要求使用专用的抛光剂,用研磨/抛光机作业。

(3)还原:还原是紧接着抛光的第三道工序。其目的是通过还原剂将车漆的光泽还原回新车的状态。还原剂有两种,一种是还原剂,另一种是增光剂。增光剂是在还原剂的基础上具有增光作用。要求使用专用的还原剂,用研磨/抛光机作业。

(4) 打蜡:给车漆打蜡,蜡质不仅可以在车漆表面形成清晰度较高的保护膜,而且能够起到上光、防水、防紫外线、防静电等作用。打蜡可以通过人工打蜡完成,也可以用打蜡机作业。但蜡可溶于水,但起不到长期保护漆面的作用。

(5) 封釉:釉质主要有抗氧化、耐酸碱、光亮持久、密封、抗划痕等作用。汽车封釉就是采用先进工艺与专用工具将高分子釉剂挤压进车漆的纹理中,使之在车漆内形成牢固的网状保护层,附着在车漆表面大大提高车漆的硬度、光洁度,并具有一年以上的保持功效。汽车封釉之后无须打蜡,而汽车打蜡之后也不能封釉,要想封釉必须用脱蜡洗车液将车清洗干净后才能封釉。

### ❷ 漆面划痕处理

漆面划痕处理服务项目可分为漆面浅划痕处理和漆面深划痕处理。漆面浅划痕的处理要用研磨抛光的方法去除;漆面深划痕的处理可以用色漆修补笔或喷漆工艺完成。

## 三 发动机的免拆清洗维护

发动机的免拆清洗维护美容服务项目包括发动机燃油供给系统、发动机冷却系统、发动机润滑系统、自动变速器的免拆清洗维护等。

## 四 汽车其他美容项目

汽车其他美容服务项目本书统一归为汽车装饰,如防爆太阳膜的装贴、汽车天窗的加装、汽车氙灯、车身表面保护——"犀牛皮"的装贴、汽车音响、倒车雷达、汽车防盗装置的选装与汽车的隔音降噪等。

以上列出的仅是一些常见的主要项目,实际上汽车美容与护理的范围还在不断扩大。

# 课题三 汽车美容的依据和原则

## 一 汽车美容的依据

汽车美容应根据车型、车况、使用环境及使用条件等因素,有针对性地、合理地安排美容作业的时机及项目。

首先要依据汽车的档次。不同档次的汽车,其美容项目、内容及使用用品不同。高档轿车可考虑使用高档美容用品进行美容作业,重点放在美容效果上;一般汽车只要进行常规的美容作业就可以了。

其二要依据车辆行驶状况来定。汽车美容作业应依据汽车漆膜及其他物面状况有针对性地进行。如车漆表面出现划痕,尤其是较深的划痕,若不及时处理会导致金属锈蚀,增大处理的难度。

其三是要依据汽车行驶环境而定。汽车行驶的地域和道路不同,对汽车进行美容作业的时机和项目也不同。如汽车经常在污染严重的工业区行驶,应缩短清洗周期,经常检查漆面有无污染色素沉着,并采取积极的预防措施。如汽车经常在沿海地区行驶,由于当地空气潮湿,且大气中含盐分较多,一旦漆面出现划痕应立即采取措施治理,否则会很快造成内部金属锈蚀。如汽车经常在西北地区行驶,由于当地风沙较大,漆面易失去光泽,应缩短打蜡抛光的周期。

其四要依据季节变化而定。不同季节气温气候的变化,对汽车表面及室内部件有不同程度的影响。如夏季气温高,漆面易高温老化,冬季寒冷干燥,漆膜易冻裂,应进行必要的预防护理,且冬夏两季经常使用空调,车内易出现异味,应定期进行杀菌和除臭。

## 二 汽车美容的原则

### ❶ 预防与处理相结合的原则

尽管轻微的漆面划痕可以通过研磨抛光等手段进行处理,但这样会使漆面变薄,减少了有效处理的次数。因此汽车美容护理时应采用预防与处理相结合的原则,以预防为主,积极预防损伤的发生。

### ❷ 单项作业与全套作业相结合的原则

汽车美容护理作业的项目和内容很多,在作业中应根据汽车自身的状况有针对性地选择项目和内容。

### ❸ 局部护理与全车护理相结合的原则

如果汽车漆膜的局部出现损伤,只要对局部进行处理即可,只有在全车漆膜绝大部分出现损伤时,才对全车漆膜进行处理。

## 单元小结

(1)汽车美容的概念:"汽车美容"在西方国家被称为"Car Beauty"或"Car Care"。

(2)汽车美容的原因:紫外线对汽车漆面侵害、有害气体对漆面的侵害、雨水对漆面的侵害、其他因素对车漆的损害。

(3)汽车内外饰清洁护理包括:汽车外部清洁护理、汽车内饰清洁护理。

(4)车身漆面美容护理服务项目主要有:护理性美容作业项目、漆面划痕处理。

(5)发动机的免拆清洗维护美容服务项目:发动机燃油供给系统、发动机冷却系统、发动机润滑系统、自动变速器的免拆清洗维护。

(6)汽车美容的依据:要依据汽车的档次、车辆行驶状况、汽车行驶环境而定。

## 思考与练习

**(一) 填空题**

1. 汽车美容的原因有_____、_____、_____、_____。
2. 汽车内饰清洁护理包括_____、_____。
3. 汽车车身漆面美容护理项目有_____、_____。

**(二) 简答题**

1. 简述车身漆面美容的项目。
2. 汽车美容的原则有哪些?

# 单元二　汽车美容护理工具与设备

 **学习目标：**

1. 了解常用汽车美容工具与设备以及护理工具与设备的名称及用途；
2. 理解空气压缩机和高压清洗机等的类别；理解发动机清洗机及变速器清洗机使用方法；
3. 掌握举升机类别及轮胎拆装机使用方法。

 **建议课时：**

6课时。

## 课题一　汽车美容工具与设备

### 一　空气压缩机

空气压缩机是汽车美容护理以及维修的通用设备之一，应用范围很广。空气压缩机在汽车美容、维护、护理方面主要用于提供充足的高压压缩空气，以确保汽车美容、维修、护理作业车间所有的气动设备都能有效地工作。

空气压缩机按压缩级数可分为单级式和双级式两种，如图2-1所示。对于单级式空气压缩机来说，输出的压力范围一般选用0.7～0.8MPa；对于双级式空气压缩机来说，输出压力范围可提高到1～3MPa。空气压缩机的压力范围为1～1.2MPa。如果是单独用于喷漆

图2-1　空气压缩机

作业时,通常选用压力范围为 0.7～0.8MPa 的空气压缩机。

为了使空气压缩机能够正常可靠地运行,保证机组的使用寿命,需制定详细的维护计划,执行定人操作、定期维护、定期检查保养,使空压机组保持清洁、无油、无污垢。空气压缩机在工作时会发出较大的噪声,在使用过程中应注意做好消声降噪的工作。

## 二 高压清洗机

高压清洗机常用于汽车外表、发动机以及底盘的清洗。输出的水流压力为 0.2～1.2MPa,并可以按需要进行调节。高压清洗机使用普通的自来水为水源,并通过动力装置(可以是电动机或燃机)使水流增加一定的压力。利用水压将污垢剥离,冲走,达到清洗物体表面的目的。

高压清洗机一般分为两种。一类是高压冷水清洗机;另一类是高压冷/热两用清洗机。一般我们常用的高压清洗机压力都是不会高于 25MPa。前者多用于气温较高的南方一带。后者除了提供常温的高压水外,还增加了电加热装置。输出高压水的温度可调节,清洁效果更好,但能耗大,一般仅适合于冬季寒冷的地区使用。

### 1. 高压冷/热两用清洗机

高压冷/热两用清洗机主要用于发动机、散热器与重油污等处的清洗。出水温度可以自行调节,保证在最短时间内使出水达到高温高压。图 2-2 所示的高压冷/热两用清洗机工作参数如下:工作压力为 3～16MPa,流量为 300～600L/h,出水温度为 70～120℃,电源/功率为 220V/6.6kW,设备质量为 3kg,设备尺寸(长×宽×高)为 810mm×450mm×660mm。

### 2. 高压冷水清洗机

高压冷水清洗机主要用于汽车外表的清洁,发动机、底盘、车轮等的清洗。该冷水清洗机具有以下特点:有无级压力和流量调节功能,喷枪上调压,高/低压可在喷头上调整;附带软性枪管、枪把和 360°可调整的旋转喷枪,适用范围广。图 2-3 所示的高压冷清洗机工作参数如下:工作压力为 11.5MPa,流量为 500L/h,电源/功率为 220V/2.2kW,设备质量为 19kg,设备尺寸(长×宽×高)为 375mm×360mm×935mm。

图 2-2 高压冷/热两用清洗机

图 2-3 高压冷水清洗机

## 单元二 汽车美容护理工具与设备

### 三 泡沫清洗机

泡沫清洗机为汽车美容清洁用的主要设备之一。它与高压清洗机的不同之处在于能加入专用的清洗剂,再通过压缩空气,使清洗剂泡沫化,然后从喷枪中喷出,能将泡沫状的清洗液均匀地涂敷于车身外表。通过化学反应,从而起到极佳的除尘和去油污作用。

泡沫清洗机的种类较多,汽车美容中常使用气动和电动两种类型。有以下功能:

(1)冲水:以管路中自来水的水压冲洗被清洗表面,去除大块污物及其他残渣等。

(2)泡沫清洗:泡沫清洗是一种先进的设备外表面清洗方式,清洁剂以泡沫的形式喷到设备表面,黏稠的泡沫可以在设备表面停留较长时间,以便与污垢充分接触、浸润和反应,从而提高了清洗效果,同时减少了水和清洁剂的消耗。

(3)消毒:将消毒剂喷洒成雾状,可对清洗后的设备表面,墙壁地面以及车间内的空气进行消毒。

图 2-4 所示泡沫清洗机工作压力为 0.1~0.25MPa,质量为 25kg,容量为 80L,喷射距离为 5~7m。优点是质量可靠、寿命长、故障低。

图 2-4 泡沫清洗机

### 四 水枪和气枪

#### 1 水枪

水枪是与高压清洗机配套使用的,是重要的清洗设备,种类较多,有的带快速接头,可作快速切换。接杆可长可短,使用更方便。如图 2-5 所示。

#### 2 气枪(又名吹缝枪)

气枪是与空气压缩机配套使用的,是重要的清洗设备,种类较多,如图 2-6 所示。气枪通常为外购件,不随空气压缩机附送,主要是用来吹除汽车各个缝隙的水分。

图 2-5 高压水枪　　　　　图 2-6 气枪

### 五 抛光机及其附件

抛光机也称为研磨机,常常用作机械式研磨、抛光及打蜡用。其工作原理是电动机带动安装在抛光机上的兔毛盘或羊毛盘高速旋转,由于抛光盘和抛光剂共同作用并与待抛表面进行摩擦,进而达到去除漆面污染、氧化层、浅痕的目的。抛光盘的转速一般为1500～3000r/min,多为无级变速,施工时可根据需要随时调整。

抛光机由底座、抛盘、抛光织物、抛光罩及盖等基本元件组成。电动机固定在底座上,固定抛光盘用的锥套通过螺钉与电动机轴相连。抛光织物通过套圈紧固在抛光盘上,电动机通过底座上的开关接通电源启动后,便可用手对试样施加压力在转动的抛光盘上进行抛光。抛光过程中加入的抛光液可通过固定在底座上的塑料盘中的排水管流入置于抛光机旁的方盘内。抛光罩及盖可防止灰土及其他杂物在机器不使用时落在抛光织物上而影响使用效果。

### ❶ 抛光机

汽车美容用抛光机若按转速分类有高速立式抛光机和低速卧式抛光机。

(1)高速立式抛光机。高速立式抛光机抛光盘的转速一般为4500r/min,但此种抛光机在工作时不可调整转速。相比卧式抛光机优点是质量比较小,使用起来比较方便灵活。但对施工人员技术要求较高,专业美容护理人员一般使用此类机型。如图2-7所示为立式抛光机。

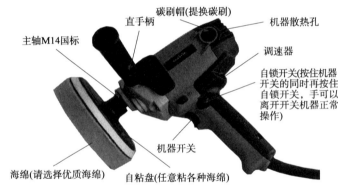

图2-7 立式抛光机

(2)低速卧式抛光机。低速卧式抛光机抛光盘转速一般为1200～2800r/min。一般这种类型抛光机转速可以调节。相比立式抛光机不足的是此种抛光机质量为2～3kg,使用起来不够灵活而且也比较费力,效果不是很明显。专业的美容护理人员一般不使用此类机型。如图2-8所示为卧式抛光机。

### ❷ 抛光机附件

汽车美容用抛光盘的材料可分为羊毛抛光盘、兔毛抛光盘和海绵抛光盘三种。

(1)羊毛抛光盘。羊毛抛光盘研磨能力强、功效大,研磨后会留下旋纹。一般用于普通漆的研磨和抛光,用于透明漆时要谨慎。羊毛抛光盘一般分白色和黄色两种。抛光盘底部有自动粘贴装置以实现抛光盘的快速转换。一般白色羊毛抛光盘切削力强,能去除漆面严重瑕疵,配合较粗的蜡打磨以达到快速去除橘皮或修饰研磨痕;黄色羊毛抛光盘切削力较弱,一般配合细蜡做抛光漆面、去除漆面粗蜡抛光痕及轻微擦伤痕。但是羊毛抛光盘一般只能在低转速下使用。如图2-9所示为羊毛抛光盘。

维护说明:定期用梳毛刷或空气喷嘴清洁羊毛轮,清除蜡质。作业时如果羊毛轮被堵塞,应更换一个干净的羊毛轮,继续清洗打磨。用过的羊毛轮要进行干燥,再用梳毛刷冲洗干净。注意冲洗时必须用温水,切忌用烫水、强碱性去垢剂或溶剂冲洗。利用空气对其干燥。

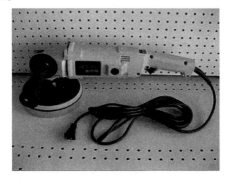
图2-8 卧式抛光机

图2-9 羊毛抛光盘

(2)海绵抛光盘。海绵抛光盘切削力较羊毛抛光盘弱,不会留下旋纹,能有效去除中度漆面的瑕疵。抛光盘背面有自动粘贴装置,可以快速转换抛光盘。可用于车身普通漆和透明漆的研磨和抛光,一般用于羊毛抛光盘之后的抛光、打蜡之用。图2-10所示为海绵抛光盘。

海绵抛光盘按颜色一般可分为以下三种。
① 黄色盘:作研磨盘,质硬,用以消除氧化膜或划痕。
② 白色盘:作抛光盘,质软,细腻,用以消除发丝划痕或抛光。
③ 黑色盘:作还原盘,质软,柔和,适合车身为透明车漆的抛光和普通车漆的还原。

维护说明:在温水中冲洗后,挤去水分,面朝上放在干净的地方进行风干。切忌使用肥皂或清洁剂清洗,切忌机洗或者干洗,切忌用梳毛刷清洁海绵盘表面。

(3)兔毛抛光盘。兔毛抛光盘切削力介于羊毛抛光盘和海绵抛光盘之间,底部有自动粘贴装置,比羊毛抛光盘软得多,但是可以配合4500r/min的高速抛光机使用,具有相当好的效果。图2-11所示为兔毛抛光盘。

图2-10 海绵抛光盘

图2-11 兔毛抛光盘

(4)除眩光机。除眩光机主要是利用波浪形的海绵盘将抛光后留下的眩光圈打散,从而去掉眩光。除眩光机转速较低,质量较轻。使用起来方便快捷。图2-12所示为除眩光机。

## 六　打蜡机及其附件

### ❶ 打蜡机

汽车打蜡机也称轨道抛光机。主要用于汽车的洗涤、美容、打蜡等处的表面处理，提高了打蜡的工作效率和工作质量。

打蜡机在工作时是以椭圆形的轨迹旋转的，其底盘直径比抛光盘直径大。但机体比抛光机轻很多，而且其双手扶把紧贴机体的中心立轴。不能用来做研磨抛光作业。主要的优点在于质量轻，做工细且光盘面积大，比人工打蜡省时省力，并且不会产生漆面划痕。图 2-13 所示为打蜡机。

图 2-12　除眩光机

图 2-13　打蜡机

### ❷ 打蜡机的主要附件

打蜡机使用的是固定打蜡托盘，其配套件是指和打蜡托盘配套的各种盘套。

打蜡盘套是一种衬有皮革底（防渗）的毛巾套，其作用是把蜡均匀地涂覆到车身上。打蜡盘套的材料有三种：全棉（毛巾）的盘套、全毛（或混纺）的盘套和海绵的盘套。汽车打蜡机盘套不同规格也不相同。目前使用最广泛的是全棉（毛巾）的盘套。

全棉盘套应选择针织密集的、线绒较多的、具有柔软感的盘套。因越柔软就越能减少发丝划痕，也能把蜡的光泽和深度抛出来。应注意不能反复使用，最好一辆车更换一个新的。清洗时要使用柔顺剂，以免晒干后盘套发硬。

### ❸ 打蜡机的使用

打蜡机的使用方法是：将汽车液体车蜡摇匀转一圈倒在打蜡盘上，每次按照固定单位面积打匀，直至全车打完。等蜡凝固以后（大约在 10min 左右），将打蜡盘套装上。开机前检查丝绒是否有杂质。开机后将打蜡机轻放在车体上，作横向（或竖向）的覆盖式的抛光，直到光泽令人满意为止。

## 七　封釉振抛机

封釉振抛机是汽车封釉的专用工具，是通过振抛机的高转速振动和摩擦，利用釉特有的渗透性和黏附性把釉分子强力渗透到车漆表面、缝隙中去。封釉后的车身漆面能够达到甚至超过原车漆效果。同时具备抗高温、密封、抗氧化、增光、耐水洗、抗腐蚀等特点,还为以后的汽车美容、烤漆、翻新奠定了基础。封釉后半年之内可不用打蜡。

封釉振抛机的使用与抛光机相似,如图2-14所示。

## 八 高温蒸汽清洗机

高温蒸汽清洗机,又名饱和蒸汽清洗机,是利用饱和蒸汽的高温和高压,清洗车身内饰和地毯等纤维绒布织品表面的油渍污垢,并将其汽化蒸发的一种清洗设备。如图2-15所示为高温蒸汽清洗机。

图2-14 封釉振抛机

图2-15 高温蒸汽清洗机

高温蒸汽洗车机的优点:

**1 物理清洗**

利用高温蒸汽对纤维织物等进行深度清洗,去除其中的细菌和油渍,无需化学清洗剂,可在短时间内产生高温高压的蒸汽。喷射于内饰表面,起到快速灭菌作用。还可加入各种芳香剂,使清洁后的内饰芳香舒适。

**2 节约能源**

加热时间和能源消耗低。

**3 无需等待**

操作者可以进行连续蒸汽作业。

**4 操作方便**

从蒸汽到热水,温度可以自由调节。

## 九 吸尘器

吸尘器是汽车美容车间必备的工具。其工作原理是:利用电动机带动叶片高速旋转,产生空气负压,吸入尘屑。现在常见的吸尘器主要有便携型、家用型和专业型三种。又分干式和湿式两类。一般来说,专业型的吸尘吸水机效果最好,使用较多,配有专用吸嘴,操作简单,能很方便地伸进各个角落,快速地吸除灰尘。图2-16为车用吸尘器。

图2-16 车用吸尘器

**1 吸尘器的使用方法**

(1)请打开集尘器检查滤尘袋是否良好。

(2)插上电源,开启电源开关。

(3)请按不同需要选用各款附件。

**2 清洁与更换部件**

(1)打开集尘器。

(2)取出滤尘袋。

(3)倒掉灰尘。

(4)冲洗。

(5)晾干。

(6)装好滤尘袋和袋尘罩。

图2-17 美容专用甩干桶

**十 汽车美容甩干机**

车上的座椅套,可拆式地毯和脚垫等织物容易弄脏,每隔较长一段时间使用后应取下用水或用泡沫清洗,彻底去除灰尘、污渍和杀灭滋生细菌。由于这些织物体积大、分量重,水洗后难以用普通脱水机脱水,故采用汽车美容专用甩干桶清洗。

图2-17所示为汽车美容专用甩干桶。其优点是容量大、转速高、功率大。能在数分钟时间内达到很好的脱水效果。

# 课题二 汽车常用护理工具与设备

针对汽车维护时不同的作业项目,应该选用不同的护理设备、工具及用品。常用的汽车护理工具包括:发动机燃油供给系统免拆清洗机、发动机冷却系统免拆清洗机、发动机润滑系统免拆清洗机、汽车举升机、其他选配设备等。

## 一 发动机燃油供给系统免拆清洗机

发动机燃油供给系统清洗机从输油管输入混有清洁剂的燃料,在发动机运转的同时,混合物经燃烧将分布在喷油器和燃烧室等处的积炭、胶质与积垢软化、剥落、溶解并随尾气排出。

图2-18为GF—1000(气动)发动机燃油供给系统免拆清洗机。该清洗机的优点是:输出压力高、波动小、使用寿命长。可以有效清除发动机燃油系统、燃烧室及进排气门组件的积炭胶质。达到省油、降低有害废气排放的目的。

**1 发动机燃油供给系统清洗方法**

(1)采用燃油供给系统免拆清洗机清洗。

燃油供给系统免拆清洗机能够清除燃油系统各部位的积炭。清洗原理是：清洗时将燃油系统清洁剂按一定的比例与燃油混合，制成同时具有燃烧和清洗作用的特种燃料，然后切断原车的供油管路，改用上述特种燃料向发动机供油，起动发动机，并怠速运转，清洁剂随着燃油流动、燃烧。当特种燃料通过喷油器时，便同时完成了对喷油器针阀的清洗，同时将油管、火花塞、燃烧室、活塞和进排气门等处的积炭、胶质和积垢软化、剥落、溶解并使其随废气排出汽缸外，从而达到清洁的目的。其特点是清除速度快。

（2）人工清除。

如果手动清除可以采用燃油喷射系统清洁剂清除。方法是将燃油喷射系统清洁剂按使用说明书的要求和比例直接加入燃油箱内。但它不像燃油系统积炭清洗机那样见效快，建议电喷系统发动机每隔2000km使用一次。

图 2-18　发动机燃油供给清洗机

**❷ 发动机燃油供给系统免拆清洗机操作步骤**

（1）清洗剂与汽油混合液的配置。

先将机器电源接头的红色夹子夹在汽车蓄电池的正极上，将机器电源接头的黑色夹子夹在汽车蓄电池的负极上（或与12V的直流电源相连）；之后将黑色管与车辆的回油管路连接；再将定时器逆时针拨到"ON（开）"挡；接着将回油管阀门打开，起动发动机，汽油将通过回油管输入到清洗机的储油箱内，直到规定值；然后关闭发动机，将清洗剂按规定比例与汽油混合。

（2）发动机清洗。

先用合适的接口将供油管（红色）与车辆供油系统相连，用合适的接口将回油管（黑色）与车辆回油系统相连。再将车辆汽油泵的继电器拆下，或将熔丝盒内的油泵熔丝摘除，或将进油管与回油管短接，使车辆的汽油又绕回油箱。使泄压阀处于关闭状态。将定时器顺时针拨在30min上，压力调节器调到零位，打开流量调节阀，起动发动机使其运转，直到原供油系统所有残余燃油消耗完，大约要1min。

（3）开启机器电源开关。

（4）调节压力和流量。

慢慢旋转调压器和流量计，调节压力和流量，使不同形式的车辆发动机均匀平稳地燃烧。对电喷汽油车而言，由于喷油器的开启需要一个压力，所以调压器亦相应提高压力，要求略高于喷油器的开启压力，一般为137.9～206.8kPa之间。

（5）观察混合液面。

观察混合液面，在最后几分钟内关闭机器回油管阀门，使之对车辆进行最后的高压清洗。定时器回零报警后关闭发动机，关闭机器电源，拆下电源线，先打开泄压阀后再拆下各管体。

（6）拆下供油管和回油管，重新连接车辆供油系统，起动发动机检查有无泄漏。

如果喷油器清洗的时间间隔太长时，所形成的积炭便会变得极为坚硬，无法在短时间内，采用免拆清洗法彻底去除这些积炭，此时只能采取拆卸清洗了。

## 二 发动机冷却系统免拆清洗机

汽车冷却系统管路长时间使用，管路内壁产生锈、污垢以至管路阻塞不通畅、发动机温度升高、冷却效果变差，严重时可使发动机发生烧瓦、抱轴，致使汽车无法行驶。

使用冷却系统循环清洗机，不仅可以清除散热器、水道内的水垢、杂质而且可以自动更换防冻液，彻底维护散热器，操作简单方便。

### 1 发动机冷却系统的清洗方法

发动机冷却系统的免拆护理用品使用方法很简单，易于操作，可以手工清洗也可以使用发动机冷却系统免拆清洗机清洗。图2-19为发动机散热器清洗机。

图2-19 发动机散热器清洗机

1）手工清洗

（1）起动发动机至正常工作温度后熄火。

（2）按每瓶产品兑5～10L防冻冷却液的比例加入散热器中。

（3）起动发动机，打开暖风开关运行20～30min，使节温阀保持在最高工作点。

（4）关闭发动机，将冷却系统放空，用清水按防冻冷却液流动的反方向冲洗。

（5）添加冷却液至规定的位置。

2）发动机冷却系统免拆清洗机清洗

（1）选择适用的三通接头，固定于汽车冷却回路（冷暖气水管）水管上。三通接头有12.7mm（1/2in）。15.88mm（5/8in）、19mm（3/4in）3种规格。

（2）打开清洗机清洗液桶，添加清洗液。

（3）将自来水接入清洗机入口。

（4）将出水管接于车上三通接头。

（5）接上气压快速接头。

（6）插上电源。

（7）将三通开关转至冲水位置，打开汽车散热器盖或备水桶盖。

（8）打开自来水开关进水。

打开自来水开关进水，让水由散热器盖冒出即旋开调压器，开始产生脉冲，30～60s后，关掉气源，让自来水补充满后再开气源，直到完全冲洗干净（由视窗可清楚看到作业情况），水压为49～98Pa即可。

（9）冲洗干净后关掉自来水，打开气源，将残留管内的水冲出，直到管内没有水垢，再关掉气源。

(10)将三通开关转至添加位置,打开电源即开始添加水,水由三通进入(从视窗可见),待水从散热器冒出即可关掉电源。

(11)工作完成后将三通接头固定盖完全锁紧,起动发动机检查散热器水位。

### ❷ 散热器开锅的预防和紧急处理

(1)开锅的预防。

①应使用优质防冻液。

②添加防冻液时配用散热器防锈、防垢保护剂,以保持散热器的清洁,防止水垢、锈蚀生成以确保良好的散热效果。

③应尽量使车辆保持良好的工作状态,尤其注意不要轻易更换节温器。

(2)开锅的紧急处理方法。

车辆一旦发生开锅,不要立即关闭发动机,让发动机怠速运转2~3min后再关闭。补充完冷却液后不要急于高速行驶。

## 三 发动机润滑系统免拆清洗机

发动机润滑系统清洗机采用专用清洗液,以一定的压力打入发动机油泵入口,冲洗循环,溶解发动机内油泥、积炭,最后循环清洗至油底壳,清洗机的从发动机内抽出,经由滤芯过滤,将油泥、金属屑、轴承合金粉末、油漆、微粒等除去。以改善发动机润滑油品质、恢复发动机的性能,提高效率,减少有害气体排放,延长发动机的使用寿命。

如图2-20所示为发动机润滑系统清洗机。

图2-20 发动机润滑系统清洗机

### ❶ 自动清洗机清洗

免拆式发动机润滑系统清洗机的清洗过程如下:

(1)拆除润滑油滤清器,再拧下油底壳的放油螺塞,放掉旧油。

(2)将清洗机的进油管接在润滑油滤清器的主油道,回油管接到放油螺栓,接入压缩空气(气压约0.6MPa),启动免拆式发动机润滑系统清洗机,系统便以一定的压力将清洗剂打入机油加注口中,起动发动机,并作怠速运转。

(3)按使用说明书的规定调整清洁油液的压力,打开清洗机开关。30min后自动关闭。

(4)清洗结束后,更换新的润滑油滤清器,按规定加入新的润滑油后发动机便可投入正常工作。

### ❷ 人工使用清洗剂清洗

操作步骤如下:

(1)起动发动机,待发动机升至正常工作温度后熄火,打开发动机机油加注盖。

(2)均匀摇动发动机内部清洗剂并将其倒入发动机润滑系统内,添加比例为机油总量的5%,或参照说明书的比例。拧紧发动机机油加注盖。

(3)让发动机怠速运转20~30min后熄火(有些清洗剂只允许运转3~5min),并在热机状态下将含有清洗剂的旧机油放出。

(4)更换机油滤芯,加注新的机油至规定的量。

## 四 汽车举升机

汽车举升机是用于汽车维修过程中举升汽车的设备。从立柱构造来分类,汽车举升机主要有单柱式举升机、双柱式举升机、四柱式举升机、剪式举升机和地沟式举升机等。

### 1 单柱式举升机

单柱式举升机是将停放在地面上的轿车举升到一定的高度进行维修的专用设备,是一种典型的用于汽车局部举升,以便更换车轮轮胎或对车辆底盘进行各种维修作业的机具。单柱举升机操作容易、美观、不占用空间便能将重物方便省力地举起。具有省时省力的效果,不用时完全放置于地面,方便汽车倒车和放置物品。单柱车辆举升机分为可移动式的和固定式的两种型号。如图2-21所示为单柱式举升机。

图2-21 单柱式举升机

### 2 双柱式举升机

双柱式汽车举升机广泛应用于轿车等小型车的维修和保养。双柱式汽车举升机将汽车举升在空中的同时可以节省大量的地面空间,方便地面作业。但是双柱式汽车举升机为了最大的节省材料,一般都去掉了底板。由于没有底板,使得立柱的扭力需要靠地面来抵消,所以对地基要求很高,若是有横梁(龙门举升机)就靠横梁抵消。

双柱式举升机有对称式和非对称式两种。对称式举升机四根臂的臂长大致相等,这样使得汽车中心(或质心)处于立柱的中间位置,对于皮卡和箱式货车等类型的汽车的日常维修来说这种对称式举升机可能是最佳的选择。但是对于一些柱间宽度不够大的对称式双柱式举升机来说,汽车举升后不能打开车门是一个很大的缺点。非对称式举升机的立柱向后旋转了一个角度(大约30°),并且前臂比后臂稍微短一些。当把汽车停放到这种非对称式的举升机适当位置时,车的位置就向后移动了一些,因此,我们就很容易地从车门进出。而且,这种非对称式举升机转动的立柱,可以确保车辆的重心安全地定位在立柱之间。如图2-22所示。

### 3 四柱式举升机

四柱式汽车举升机是一种大吨位汽车或货车维修单位常用的专用机械举升设备,四柱式汽车举升机也很适合于四轮定位用。因为一般四柱式汽车举升机都有四轮定位挡位,可以调整和确保水平。

四柱举升机按其结构又分为上油缸式以及下油缸式两种。上油缸式四柱举升机其油缸置于立柱顶部(带横梁),下油缸式的油缸置于平板下面。上油缸式四柱举升机主要依靠四根链条拉起四个角,拉力油缸置于顶部,这种结构简单,但自重增加。多数上油缸式四柱举升机二次举升为手动或气动,修理工需要跑到底下操作,这对于经常使用二次举升的用户不方便和不安全。保险装置为气动装置,若没有气源则比较麻烦。下油缸四柱举升机主要依靠四根粗钢索拉起四角,拉力油缸置于平板下面,通过六个圆盘将力传达四面。这种结构比较紧凑,自重降低。二次举升一般为电动液压,和主泵连接在一起,只要转动转换阀即可,升降速度快,保险装置为楔块式,四个楔块利用拉杆联动,扳动拉杆就可打开保险装置,方便耐用。如图2-23所示为四柱式举升机。

图2-22　双柱式举升机　　　　　　图2-23　四柱式举升机

### ❹ 剪式举升机

剪式举升机执行部分采用剪式叠杆形式,电力驱动机械传动结构。剪式举升机的举升速度适中且不占用车坑位置,对于一些车型相对固定,工作强度大(如在公共汽车)的修理领域无疑是最好的选择。而且由于其结构简单,同步性好,一般常用作四轮定位仪的平台。

剪式举升机分为大剪(子母式)、小剪(单剪)举升机,超薄系列剪式举升机等几种类型。小剪举升机主要用于汽车维修保养,安全性高,操作方便。挖槽后与地面相平。大剪举升机涌出比较多,是配合四轮定位仪的最佳设备,并可以作为汽车维修,轮胎,底盘检修用。可以挖槽,也可以直接安装在地面上。超薄系列剪式举升机无需挖槽,适用于任何修理厂。图2-24和图2-25为小剪举升机和大剪举升机。

图2-24　小剪举升机　　　　　　图2-25　大剪举升机

**5 地沟式举升机**

地沟式举升机是大型客车维修的理想设备,对空间较低的厂房更为实用,且物美价廉。地沟式汽车举升机,安装于地沟上面两沿边轨道上,一般采用电动驱动方式,蜗杆、蜗轮减速,从而带动丝杆、举升大梁升降。这种设计方式使得地沟式举升机移动更灵活,举升力更大,升降平稳,操作安装极为方便,是各种针对大客车、货车进行维修的维修企业最为理想的举升设备。地沟跑道式四轮定位举升机前轮转角盘(选购件)位置可调,加长后轮滑板,适合各种车型定位测量。

## 五 其他选配设备

**1 自动变速器油更换清洗机**

使用专用的变速器清洗换油机,可以利用高压空气产生的动力,对自动变速器内的液力变矩器、离合器、油路板、油底壳等进行彻底清洗,让变速器内的磨屑、废渣等随出油管一起排出箱体外,并及时更换成新的变速器油,使自动变速器起步更平顺,换挡自然,动力强劲。如图2-26所示为自动变速器油更换清洗机。

图2-26 自动变速器油更换清洗机

1)自动变速器清洗操作

(1)将车用举升机升起,使驱动轮悬空。找出散热器附近便于拆装的一条ATF冷却油管,拆下接头。

(2)起动发动机,从接头流出的方向为A向,无油流出的一端为B向,冷却器出油管一端A接在本机回油管,入油管一端接在本机出油管。

(3)首先确定管路接法正确、无漏油后,把转换阀旋至"循环清洗"位置。

(4)起动发动机,挂入D挡(注:不要启动自动变速器电源)变速器开始清洗。

(5)每一挡位循环切换,视情况而定,约须停留5~10s。

(6)清洗高速挡位(D)(S)时,同时加油使车速达到60km/h以上,每一挡位约需停5s,便可清洗高速挡位。

2)自动变速器油更换

(1)向机内新油桶中加入所需量的ATF油。

(2)冷却器出油管一端A接在本机回油管,入油一端B接在本机出油管。

(3)接上电源(此时电源处于关闭状态)。

(4)把转向阀旋至"变速器油更换"位置,确认管路都已连接无误,适当打开回油阀和入油调节阀,启动本机,然后起动发动机。

(5)切入D挡,变速器开始新旧油交换,再根据检视窗内流速的比较,决定调节压力大小,如回油过快时,调节节流阀,来减慢回油流速,顺时针旋转减慢流速,逆时针旋转增加流速。

**注意**：先将节流阀调到最大，再对回油进行调速。

（6）机器上的新油检视窗为新油流经之管，机油检视窗为变速器旧油流经管。

（7）每一挡位循环切换，视情况而定，约需 5~10s。

（8）当更换高速挡（D）时，先将节流阀调小，同时加油，使车速达 60km/h 以上，才能将更换高速挡的 ATF 油。

（9）注意观察旧油检视窗内变速器油流量及颜色的变化，可随时调整流量的大小，使之可满足变速器内油量的需求，当排油由污浊状态变之新油同一颜色后即可。

（10）更换完毕，将发动机熄火，关停更换机，拆下更换连接管，照原样接好变速器的油管，起动发动机，切入 P 挡，视油位补充 ATF 油，同时注意检查各管路是否渗漏油，油位足够后，试车约 1km 再检视一次。

**注意**：为了保证更换质量，设备内的新油应比汽车变速器所需油量多 2~3L。

**❷ 轮胎拆装机**

轮胎拆装机如图 2-27 所示，是一种半自动设备，适用于一般小车及轻型货车的轮胎拆装。它采用带气压式自动中心正位锁定机构的正反旋转盘，用两个或三个脚踏板来分别控制夹紧和正、反旋转操作，结构简单，操作容易，占地面积小，是汽车美容的必备设备之一。其附件包括清洁毛刷、撬棍和轮胎充气压力两用表。

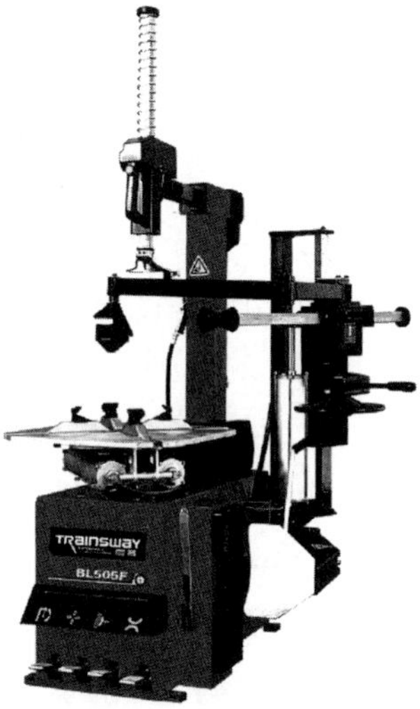

轮胎拆装机的操作：

1）拆卸轮胎

（1）首先对轮胎进行放气处理。

（2）清除车轮上的杂物和平衡块，以免损伤轮毂及发生危险。

（3）将轮胎垂直放在分离铲与机座橡胶垫之间，调整至如图 2-28 所示的铲胎位置，踩下分离铲踏板，分离铲在气体压力作用下使轮胎松动。

（4）将轮辋固定在工作盘上

图 2-27　轮胎拆装机

（5）在轮辋边缘涂少许润滑剂。按下升降杆，使拆装器接触轮辋边缘。

（6）以拆卸器的一端为支点，用杠杆撬起轮胎外缘，踩下工作盘旋转踏板，使工作盘和轮胎一起旋转，使轮胎上缘脱离轮辋。如图 2-29 所示为撬轮胎外缘。

（7）用同样的方法把轮胎下边缘也拆下，使轮胎与轮辋彻底脱离，如图 2-30 所示。

2）安装轮胎

（1）轮辋放到工作盘上并卡紧。

（2）在轮胎唇边涂少许润滑剂，将轮胎下缘一部分套装在轮辋上，踩下立柱操作踏板后按下升降杆，使升降杆靠近轮辋边缘，用手按住轮胎，踩下工作盘旋转踏板，转动轮胎，使轮胎下缘安装在轮辋上，如图 2-31 所示。

图 2-28　铲胎

图 2-29　撬轮胎外缘

图 2-30　撬轮胎内缘

图 2-31　安装轮胎下缘

（3）用同样的方法把轮胎上缘也装到轮辋上。特别在装轮胎上边缘时,注意要边转边压如图 2-32 所示。

（4）安装完毕对轮胎进行充气及动平衡。

### 3　车轮动平衡机

汽车车轮的不平衡是影响汽车运行稳定和驾驶安全的主要因素之一。目前汽车维护和修理作业主要对车轮动平衡进行校正。车轮动平衡机如图 2-33 所示。其附件包括轮胎量规、快速锁止螺母、安全护罩、平衡铅块、平衡块钳锤等。

图 2-32　安装轮胎上缘

图 2-33　车轮动平衡机

轮胎动平衡机的具体操作步骤如下：

(1)清除被测车轮上的泥土、石子和旧平衡块。

(2)检查轮胎气压，视情况充至规定值。

(3)根据轮辋中心孔的大小选择锥体，仔细地装上车轮，用大螺距螺母上紧。

(4)打开车轮平衡机电源开关，检查指示与控制装置的面板是否指示正确。

(5)用卡尺测量轮辋宽度$L$，轮辋直径$D$(也可从胎侧读出)，用平衡机上的标尺测量轮辋边缘至机箱距离$A$，再用键入或选择器旋钮对准测量值的方法，将$A$、$D$、$L$值键入指示与控制装置中去。

(6)放下车轮防护罩，按下启动键，车轮旋转，平衡测试开始，自动采集数据。

(7)车轮自动停转或听到"嘀"声后按下停止键并操纵制动装置使车轮停转后，从指示装置读取车轮内、外不平衡量和不平衡位置。

(8)抬起车轮防护罩，用手慢慢转动车轮。当指示装置发出指示(音响，指示灯亮，制动，显示点阵或显示检测数据等)时停止转动。在轮辋的内侧或外侧的上部(时钟12点位置)加装指示装置显示的该侧平衡块质量。内、外侧要分别进行，平衡块装卡要牢固。

(9)安装平衡块后有可能产生新的不平衡，再重新进行平衡实训，直到不平衡量<5g，指示装置显示"00"或"OK"时才能满意。当不平衡量相差10g左右时，如能沿轮辋边缘前后移动平衡块一定角度，将可获得满意的效果。

(10)测试结束，关闭电源开关。

## 单元小结

(1)通过本单元的学习，学生能认识到了汽车美容设备和汽车护理设备的名称及用途，对下一单元的学习起到基础性作用。

(2)汽车美容工具主要在汽车漆面护理过程中使用，汽车常用护理工具主要在汽车的常规保养中使用。

## 思考与练习

**(一)填空题**

1.高压清洗机一般分为两种：一类是_____；另一类_____。

2.汽车美容用抛光机若按转速分类有_____和_____。

3.汽车举升机是用于汽车维修过程中举升汽车的设备从立柱构造来分类，主要有单柱式举升机、_____、_____、_____和地沟式举升机等。

**(二)判断题**

1.以下除尘器中，除尘效果较好的是家庭式。                            (    )

2. 车内顶棚的清洁护理有手工清洁和机器清洁两种。　　　　　　　(　　)

3. 在使用清洗机时,应把蒸汽压力调到 5～6MPa。　　　　　　　　(　　)

(三) 简答题

1. 汽车美容主要应用哪些设备和工具?

2. 汽车发动机护理主要应用哪些设备?

# 单元三　汽车清洗与美容用品

 **学习目标：**

1. 了解汽车清洗与美容用品；
2. 掌握汽车清洗剂的种类；
3. 掌握汽车美容用品的特性；
4. 掌握汽车研磨、抛光、还原用品；
5. 了解车蜡的作用和种类；
6. 了解汽车专业保护剂的种类。

 **建议课时：**

6课时。

## 课题一　汽车清洗用品

###  一　清洗剂在洗车中的作用

####  1 实现快速高效清洗

清洗剂去污力强,可大大提高清洗效率,并可将清洗与护理合二为一,减少美容工序,提高作业效率。

#### 2 确保清洗质量

用清洗剂不仅可以干净彻底地清除各种污渍,而且不损伤汽车漆面,对车身表面具有保护作用。

#### 3 节省清洗费用

用清洗剂清除油垢,可减少溶剂油消耗,1kg 清洗剂大约可代替 30kg 溶剂油,降低清洗费用90%左右。

#### ❹ 有利于保护环境

使用环保型清洗剂清洗汽车,可以减少对环境的污染,因此,应该尽量使用清洗剂清洗汽车,以确保汽车清洗质量。

## 二 清洗剂的除垢机理

清洗剂除垢包括润湿、吸附、溶解、悬浮、去污五个过程。

#### ❶ 润湿

当清洗剂与汽车表面的污点接触后,被清洗物的表面很容易被清洗剂润湿,而且清洗剂能够深入到污垢聚集体的细小空隙中,使污垢与被清洗表面的结合力减弱、松动。

#### ❷ 吸附

清洗剂具有对污垢质点的静电吸附能力,并可以防止污垢再沉积。

#### ❸ 溶解

使污垢溶解在清洗剂溶液中。

#### ❹ 悬浮

清洗剂中的表面活性物质能在污垢表面上形成定向排列的分子层,进一步增加了去污能力。

#### ❺ 去污

最后通过高压水枪水流冲击将污垢冲掉。

通过这种润湿—吸附—溶解—悬浮—去污的过程,不断循环或综合起作用,从而将汽车表面上的污垢清除掉。

例如:在洗车的过程中,一般先用冷水或温水将汽车表面的水溶性污垢冲洗掉,然后用清洗剂溶液清洗污垢,最后再用冷水或温水冲洗使污垢的悬浮液或浮浊液脱离汽车表面。

## 三 清洗剂的种类

#### ❶ 不脱蜡清洗剂

选用不脱蜡清洗剂对汽车进行不脱蜡清洗(图3-1)。这种洗车液是近年来国内外正在推广使用的水系清洁剂,其配方基本不含碱性盐类,pH值为7.0,呈中性,主要成分是类型不一的表面活性剂,其中非离子活性剂使用的比较多,是车身日常清洁的首选洗车液。该清洗剂具有很强的分解能力,能够有效去除车身漆面的油污和尘垢之类的污物,具有性质温和、不破坏蜡膜、不腐蚀漆面、液体浓缩(使用时按比例稀释)、泡沫丰富、挥发慢和使用方便且经济等特点。不脱蜡清洗剂的名称较多,又称汽车香波、清洁香波,有的就称洗车液。

### ❷ 脱蜡清洗剂

当新车需要开蜡或旧车需要重新上蜡时,应使用脱蜡清洗剂对汽车进行清洗。此类清洗剂含柔和性溶剂,具有较强的溶解功能,不仅可以去除车身油垢,而且能把以前的蜡洗掉。车身表面的蜡有两种,一种是油脂蜡,另一种是树脂蜡。两种蜡的性质不同,脱蜡时就要选择不同的脱蜡清洗剂。

(1)油脂开蜡水。最好的油脂开蜡水是生物降解型的(图3-2),它对环境无污染,主要原料是从橙皮中提取的,不用稀释,可直接使用。

(2)树脂开蜡水。树脂开蜡水含有一种树脂聚合物的溶解元素,所以它能溶解树脂蜡。这种产品需稀释使用,而且最好用热水稀释,因为其中的表面活性剂在加热的情况下效果最佳,此产品无腐蚀性,比较安全。

### ❸ 二合一清洗剂

所谓"二合一",即将清洗、护理合二为一,既有清洗功能,又有上蜡功效,可以满足快速清洗和打蜡的要求(图3-3)。此产品主要由多种表面活性剂配制而成。上蜡成分是一种具有独特配方的水蜡,它可以在清洗作业中在漆面形成一层蜡膜,可增加车身鲜艳程度,有效保护车漆,如上光洗车液。二合一清洗剂适用于车身比较干净的汽车,洗车后直接用毛巾擦干,再用无纺棉轻轻抛光,通常可作为汽车的日常护理用品。

图3-1　不脱蜡清洗剂　　　图3-2　油脂开蜡水　　　图3-3　二合一清洗剂

### ❹ 环保型清洗剂

此类清洗剂主要成分为天然原料,对环境无污染并具有特殊的清洗效果。如"洁碧"变色水蜡(龟博士T—68)是一种双配方水蜡,瓶内上半部的白色物质为巴西天然棕蜡,下半部的蓝色物质是环保型润滑洗车液。使用时应先将液体摇匀(呈乳白色)。该清洗剂含流线式催干剂,自动驱水,几乎不用毛巾擦干。使用方便、快捷,洗车的同时即可完成打蜡工序。

### ❺ 增光型清洗剂

增光型清洗剂是一种集增光、清洁、保护于一身的超浓缩洗车液,洗车时能够产生丰富的泡沫,具有良好的清洁效果。其独特的增光配方可以在车漆表面形成一层高透明的蜡质保护膜,令漆面光洁亮丽,给人焕然一新的感觉。

## 四 汽车室外清洗剂

根据汽车各结构材料的不同,其清洗剂也有差异,室外清洗剂主要有以下几种:

### ❶ 不脱蜡洗车液(浓缩型)

不脱蜡洗车液(图3-4)为超柔和型,不会把原有车蜡洗掉,但可有效地清洗泥土及油垢。清洗液中含巴西天然棕蜡成分,用毛巾轻轻抛光后,给人以打过蜡的感觉。该清洗液不易燃,对环境无污染,属生物降解型。

使用时,按1:100比例溶于水后用来洗车,可在几分钟内让车焕然一新。

### ❷ 上光洗车液(浓缩型)

上光洗车液(图3-5)集水蜡与清洗功能为一体,既洗车又打蜡,像洗车一样方便,汽车像打过蜡一样有光泽。该产品不易燃,对环境无污染,属生物降解型。该产品适于只愿花较低费用洗车打蜡的车主或刚做过专业美容的汽车,亦可建议客户用此用品做汽车的日常养护。

在使用前先将车冲净,上光清洗液按1:100的比例溶于水后擦涂于车体表面,然后直接用毛巾擦干后再用无纺棉轻轻抛光。

### ❸ 泡沫上光洗车剂

泡沫上光洗车剂(图3-6)采用当今世界最流行的喷灌泡沫式包装,有浓厚的橙香味,使用极为方便。但是因其成本高,不主张专业人员使用,建议作为美容护理后的个人护理用品。

图3-4 不脱蜡洗车液　　　图3-5 上光洗车液　　　图3-6 泡沫上光洗车剂

在使用时应注意以下事项:
(1)含有少量溶解性清洁剂,喷到车上后不宜久留,应立即用水冲洗;
(2)压力罐装,属易燃易爆品,应在阴凉处存放。

### ❹ 天然洗车液

天然洗车液(图3-7)以柠檬、芦荟油为主要原料,经特殊工艺炼制而成,具有优良的抗氧化、防酸作用,又能给予最自然的光泽,是洗车的极品。其PH值适中,无需考虑对环境的影响,因为它本身就是大自然的精华。

使用时按1∶100的比例溶于水(大约1瓶盖的液体溶于半桶清水),搅匀,用软毛巾或海绵擦洗车身,然后用无纺棉或柔软毛巾轻轻将车抛光即可。

### ❺ 变色水蜡

该产品是世界上唯一的双色配方水蜡:上半部的白色物质是巴西天然棕蜡,下半部的蓝色物质是环保型润滑洗车液,含催干剂,自动驱水,几乎不用毛巾擦干,是最便捷的洗车、上光一体化产品。其使用方法与洗车程序一样,但打蜡也包含其中。质量上乘的变色水蜡用后效果可保持数月之久。

使用时,先将液体摇匀(呈乳白色),然后将1瓶盖(每次只用1瓶盖)液体按1∶100的比例溶于水后擦洗汽车。

### ❻ 脱蜡洗车液(浓缩型)

该产品去油垢能力较强且不含蜡和任何增光剂,适用于专业美容护理的汽车或需要正规打蜡的汽车清洗。

使用时,按1∶100的比例溶于水;若汽车很脏,可按1∶50的比例稀释。

## 五 汽车内室清洗剂

根据汽车内室各部件材料的不同,汽车内室清洗剂主要由以下几种:

### ❶ 丝绒清洁保护剂

丝绒清洁保护剂(图3-8)主要由于对毛绒、丝绒、棉绒等织物进行清洁和保护。具有泡沫丰富、去污力强,洗后留有硅酮保护膜,可恢复绒织物原状、防止脏物侵入等特点。

使用时,先将产品在瓶内轻轻摇匀,然后喷在需要清洁的表面,再用清洁干布将泡沫擦净,污渍明显处应反复喷涂擦拭。使用前应先找一小块地方试用,效果不好时勿用。真丝织物及丝绸织物勿用该剂。

### ❷ 化纤清洗剂

化纤清洗剂(图3-9)在多功能清洗剂的基础上特别增加了清洗内室化纤制品的功能,对车用地毯、沙发套等化纤制品上的油泥和时间不太长的果汁、血迹等具有很好的清洗效果,而且不会伤害化纤制品。

图3-7　天然洗车液　　　图3-8　丝绒清洁保护剂　　　图3-9　化纤清洗剂

使用时,先将液体倒入桶中,用高压喷枪按需要比例注水,然后用毛巾沾水中的泡沫清洗脏处,再用干净布擦净即可。

### ❸ 塑胶清洁上光剂

塑胶清洁上光剂(图3-10)主要用于塑料及橡胶制品的清洁和护理,清除污垢的同时能在塑胶制品表面形成一层保护膜,具有翻新效果。

### ❹ 真皮清洁增光剂

真皮清洁增光剂(图3-11)主要用于皮革制品的清洁和护理,清除污垢的同时能在皮革制品表面形成一层保护膜,起到抗老化、防水、防静电作用,可延长皮革制品的使用寿命。

### ❺ 多功能内室光亮剂

多功能内室光亮剂(图3-12)不仅可对化纤、皮革、塑料等不同材料的内室物品进行清洗,而且可起到上光、保护、杀菌等作用,使用也很方便,只要一喷一抹即可光洁如新,增加美丽光泽,并有防止内室部件老化、龟裂和褪色之功效。

图3-10　塑胶清洁上光剂　　　图3-11　真皮清洁增光剂　　　图3-12　多功能内室光亮剂

### ❻ 车内仪表板清洁剂

车内仪表板清洁剂(图3-13)能够保持车内人造革和皮革(真皮)制品的光泽,使灰尘无法玷污,有柠檬香味,不含硅力康,不破坏漆膜。其主要适用于车门、仪表板、合成橡胶、塑制制品、人造革及真皮制品的清洗。

使用时将该产品喷涂在被清洗物表面,然后用抹布擦拭干净即可。

应当注意,该产品为易燃品,不可放置于热源、火源附近,不可用于喷涂转向盘、座椅支撑等部位。

### ❼ 玻璃清洗液

玻璃清洗液(图3-14)用于除去玻璃上(内侧)积累的白色雾状膜,即各种内饰清洁剂、清新剂、烟等造成的静电油脂,同时可有效地去除鸟粪、油泥及尘土。因本品含有挥发剂,擦后可很快风干,又因是水质,也可用于电镀件、内饰(地毯、座椅)等的清洗。

应当注意,该剂属于易燃液体,应在阴凉处存放且应远离腐蚀剂、溶剂等。

### 8 地毯洗涤保护剂

该产品专为清洗汽车地毯而配制,泡沫丰富,去污力强,洗后留有硅酮保护膜。

使用前应先将污土洗净,然后轻轻摇匀该剂,大面积喷在需清洗的表面或喷在干净布上擦拭,再用洁净干布将泡沫擦净或用暖风机烘干。使用前应先找一个小块地方试用,效果不好时勿用。

### 9 多功能清洁柔顺剂

多功能清洁柔顺剂(图3-15)去污力强,尤其对丝绒和地毯表面可起到清洁、柔顺、还原着色、杀菌等作用,属于低泡清洗剂。能对汽车内饰及行李舱各部位进行清洗翻新,适用于喷抽机和手工法使用。

图3-13 车内仪表板清洁剂

图3-14 玻璃清洗液

图3-15 多功能清洁柔顺剂

使用时,将产品喷洒在待清洗物表面上,然后用软布轻轻擦拭干净即可。

## 六 去油剂

去油剂也称油脂清洗剂,有极强的去油功能,主要用于清洗发动机、轮辋等油污较重的汽车部位。

现在我们可以见到的去油剂大致有如下三类:

(1)水质去油剂:该类产品具有安全、无害、成本适中等优点,但去油功能有限。

(2)石化溶剂型去油剂:该产品具有去油能力强,成本低等优点,但易燃、有害。

(3)天然溶剂型去油剂:该产品不仅去油能力强,且无害,但成本较高。

以龟牌去油剂为例,其主要产品如表3-1所示。

## 七 溶剂

溶剂是一种溶解功能很强的清洗剂,能清除车身上的焦油、沥青、鸟粪、树胶、漆点等水不溶性污垢。开蜡水就属于溶剂。车身表面的蜡有两种,一种是油脂蜡,另一种是树脂蜡。两种蜡的性质不同,脱蜡时就要选择不同的脱蜡清洗剂。

龟博士系列去油剂产品　　　　　　　　　　表 3-1

| 序号 | 品　名 | 代号 | 特　性 | 备　注 |
|---|---|---|---|---|
| 1 | 发动机外部清洗剂 | P—430 | 以煤油为基础材料,属于生物不可溶解型,去油功能强,但易燃,且对环境有害 | 发动机冷却后使用,用后的废液应妥善保管处理 |
| | | P—156 | 以天然植物提取的原料为基础材料,为生物降解型,去油功能强,且对漆面、橡胶及塑料无腐蚀 | |
| 2 | 轮辋去油剂 | P—420 | 不含酸性物质,且清洗功能极强,将其喷到轮辋表面后,油泥会自动流下,只需要用布轻轻擦干,即可恢复金属或塑料的原有光泽 | |
| 3 | 玻璃清洗剂 | P—133 | 该产品属于柔和型水质去油去垢剂。主要用于清除玻璃上积淀的白色雾状膜(即各种内饰清洗剂、清新剂以及烟等造成的静电油脂),也可有效地去除油污、尘土等。该产品含挥发剂,用后风干快。用为是水质,也可用于电镀件、内饰(地毯、座椅)等的清洗 | 属于易燃液体,应存放在阴凉处 |
| 4 | 轮胎强力去油剂 | P—410 | 该产品属于强碱型清洗剂。可清除轮胎上的油污及其他污渍 | 属于腐蚀剂,使用时注意安全 |
| 5 | 水质去油剂 | P—431 | 该产品是最灵活性的去油剂,可用来直接清洗发动机表面,也可稀释后用于清洗车身、底盘、皮革等。特点是去油功能较强。属于生物降解型,不易燃,不腐蚀,比较安全 | 碱性较强,清洗时应有保护措施 |

**❶ 油脂开蜡水**

最好的油脂开蜡水是生物降解型的,它对环境无污染,主要原料是从橙皮中提取的,不用稀释,直接使用。如龟博士 P—460,这种产品价格较贵。

**❷ 树脂开蜡水**

树脂开蜡水含有一种树脂聚合物溶解元素,所以它能溶解树脂蜡。这种产品需要稀释后使用,而且最好用热水稀释,因为其中的表面活性剂在加热的情况下效果最佳,此产品无腐蚀,比较安全。如龟博士 P—461。

溶剂中还有一种产品叫作污垢软化剂,属于柔和型的溶剂,主要用来软化车体上变硬的污物,如沥青、鸟粪、漆点等。有的车上变硬的油脂蜡,一般开蜡水洗不掉时,可用此产品浸泡 5min 后用布擦掉,如龟博士 P—470。以龟牌为例产品及特性如表 3-2 所示。

龟博士系列溶剂产品　　　　　　　　　　　　表 3-2

| 序号 | 品　名 | 代　号 | 特　性 | 备　注 |
|---|---|---|---|---|
| 1 | 污垢软化剂 | P—470 | 此产品属于软和性溶剂,主要用于车身、玻璃等部位的清洗。另外对于较硬的运输蜡,可用此产品进行开蜡。使用时将此产品喷在车身上,浸泡 5min 后用布将蜡除掉,再用清水冲净即可 | 碱性较强,废水应妥善处理,操作时应注意劳动保护 |
| 2 | 油脂开蜡水 | P—460 | 该产品属于生物降解型溶剂,它的主要原料由橙皮中提炼。该产品不易燃,对环境无污染。使用时一般不需稀释,若蜡不厚,可按 1∶1 的比例稀释 | |
| 3 | 树脂开蜡水 | P—461 | 该产品含有一种树脂聚合物的溶解元素,能溶解树脂蜡,且不含腐蚀剂,不会侵蚀风窗玻璃、电镀及铅合金件。在使用时必须用水以 1∶3 的比例稀释,且最好用热水,这样开蜡水中的表面活性剂最为"活跃",除蜡效果最佳 | |

# 课题二　汽车美容用品

目前市场上的汽车美容用品按其特性、使用范围、护理功能不同可分为汽车漆面护理用品、汽车专业护理用品及其他等几大类。

## 一　汽车漆面护理用品

汽车漆面护理通过研磨、抛光、还原、打蜡等美容作业,既可预防变色、老化、微浅划痕等变异现象的发生,还对变异后的漆面采取必要的补救措施,而达到这些目的的前提条件是必须具有专业汽车漆面护理用品,并掌握其特性及使用方法。

### 1　汽车研磨、抛光、还原用品

汽车漆面研磨、抛光、还原三道工序是对车漆进行深层护理的基本工序。

研磨是去除车漆原有的缺陷;抛光是去除研磨遗留的痕迹;还原可以找回车漆的本来面目。相应的,研磨、抛光、还原三道工序的系列用品主要有研磨剂、抛光剂和还原剂三类。这三类用品中都含有某种摩擦材料。摩擦材料的颗粒大小不同在护理作业中起的作用也不同,颗粒大的用于粗磨,颗粒小的用于细磨,颗粒微小的用于精磨,以满足各种不同护理作业的需要。

1)研磨剂

研磨是通过表面预处理清除漆面上的污物,消除严重氧化及微浅划痕或减轻表面缺陷。研磨所需的材料主要是研磨剂。

研磨剂按使用范围不同分为普通型研磨剂和通用型研磨剂。

(1)普通型研磨剂。

普通型研磨剂是指透明漆出现前所生产的研磨剂,一般研磨剂中都是坚固的浮岩摩擦材料。根据浮岩颗粒的大小,分为深切、中切和微切三类,主要是用于治理普通漆不同程度的氧化、划痕、褪色等漆膜缺陷。坚硬浮岩如用在透明漆上很快就会把透明漆层打掉,因此,不适合透明漆的研磨。属于这类研磨剂的有:701—138普通漆中切型研磨剂、701—151普通漆中切型研磨剂。

(2)通用型研磨剂。

通用型研磨剂又叫透明漆研磨剂,其中的摩擦材料有了很大革新,微晶物和合成磨料或陶土替代了浮岩,它们切割功能依旧存在,但不像浮岩那样坚硬,且在一定的热量作用下可通过化学反应使漆膜变小或消失。这些新的研磨剂对普通漆和透明漆均可使用。

研磨剂根据切割方式可分为物理切割方式的研磨剂、化学切割方式的研磨剂和多种切割方式的研磨剂。物理切割方式的有浮岩型和陶土型两种;化学切割方式的有微晶体型;多种切割方式的主要是中性研磨剂。

2)抛光剂

抛光剂其实也是一种研磨剂,是一种含颗粒更细摩擦材料的研磨剂。抛光的作用有:治理(若未经研磨的话)汽车漆的轻微损伤;清除漆层表面的轻微氧化物和杂质;消除研磨造成的细微划痕(丝发划痕);以化学切割方式填平漆膜表面上如针尖般细小的缺陷,包括酸性、碱性水点、航空油、柴油、轮船油渍、石灰、水泥点、昆虫点、鸟粪污点、落叶、金属斑(工业污染)、漆点等,使漆面达到镜面般平滑的效果,为还原、打蜡做好准备。

抛光质量的好坏对车漆外观效果及耐腐蚀能力的影响很大,甚至能影响汽车本身的价值,而利用化学切割方式进行抛光的抛光剂能达到最佳的抛光效果。这种产品是采用无硅配方,适用于所有种类的车漆,符合所有汽车生产厂商的漆面处理标准。主要用于汽车生产线及专业护理中心,可以配合各种类型的研磨材料去除漆面瑕疵及漆面研磨所产生的划痕,还可以用于一般打蜡的前期处理,能使漆面产生镜面般的效果,是配合抛光机使用的最佳护理用品。

抛光剂按摩擦材料颗粒或功效的大小不同分为微抛、中抛和深抛三种。微抛是用于去除极细微的车漆损伤,一般指刚刚发生的环境污染及酸性侵蚀(鸟粪、落叶等),但这类的轻微损伤目前可使用含抛光剂的蜡来取代微抛。从这一点上讲,微抛存在的意义并不是很大。中抛和深抛主要是用来处理不同程度的发丝痕迹。中抛主要适用于对透明漆的抛光,深抛主要适用于对普通漆的抛光。

3)还原剂

还原是介于抛光和打蜡之间的一道工序,也是打蜡前的最后一道完善工序,还原可以使研磨、抛光的工作成果更上一个台阶。还原剂中有些产品又称"增光剂"。

有人喜欢把抛光剂与还原剂列为同一种材料,但我们在这里把它作为两种不同的材料来介绍。就它们所含的摩擦材料来说,两者使用的是一类别的材料,但还原剂与抛光剂的本质区别在于:还原剂含上光材料(上光剂或蜡),而抛光剂不含蜡或上光剂。含与不含上光材料,在我们讲"镜面"效果时会显得很重要,因此我们把它们作为两类材料来介绍。

还原剂与抛光剂的使用区别:

(1)因抛光剂不含蜡,使用抛光剂可切实地检验我们抛光质量;

(2) 由于还原剂含有蜡或上光剂,因此在抛光功能上比纯抛光剂要差些;

(3) 因为还原剂有蜡,还原剂实际上是一种集抛光和打蜡于一体的二合一产品,可以缩短工作时间。在国外,汽车拍卖行很喜欢使用增光剂,因为他们每天要过手上百辆车;

(4) 有许多专业车体护理人员,喜欢抛光后把增光剂作为上蜡前的最后一道工序,按照"一物降一物"的原理,增光剂可以进一步完善抛光的效果;

(5) 虽然有蜡的效果,但还原剂保持时间一般不长,接触几次水后就会流失。要取得长久保留的效果,还应再加一层高质量的蜡。还原剂的主要产品有:701—211通用型(无硅、无蜡型)还原剂、701—231超级还原剂。

4) 部分产品介绍

汽车研磨、抛光、还原用品很多,这里主要介绍具有代表性的龟博士品牌的产品,如表3-3所示。其他品牌的产品可以此表为参照、对比,从而选择合适的产品使用。

**龟博士研磨、抛光、还原用品**　　　　　　　　　　　　　　　　　　　表3-3

| 名　称 | 型号 | 容量 | 包装 | 性能与用途 | 备　注 |
|---|---|---|---|---|---|
| 透明漆微切研磨剂 | P—100 | 1gal① | 4/箱 | 对透明漆损伤很小,主要用于透明漆,同时也适用于普通漆的高效微切,可用以去除中度氧化和1200~2000号砂纸划痕 | 不含硅氧烷③ |
| | P—101 | 32oz② | 6/箱 | | |
| 透明漆中切研磨剂 | P—103 | 1gal | 4/箱 | 它是通过化学切割来治理氧化和划痕的。用摩擦产生的热量来达到研磨效果,既可磨得深,又不损伤透明漆层 | 不含硅氧烷 |
| | P—104 | 32oz | 6/箱 | | |
| 透明漆深切研磨剂 | P—107 | 1gal | 4/箱 | 被誉为"超级"研磨剂,是唯一可以与膏状固体强力研磨相比的液体研磨剂,但它对漆膜的损伤比膏状小得多。很容易就可还原成诱人的光泽。仅供专业或有经验的技师使用 | 不含硅氧烷 |
| | P—108 | 32oz | 6/箱 | | |
| 普通漆微切研磨剂 | P—115 | 1gal | 4/箱 | 选用特殊材料制成,不易粘在切盘上,适用于去除各种普通漆的严重氧化、中度划痕、擦伤等 | 不含硅氧烷 |
| | P—116 | 32oz | 6/箱 | | |
| | P—232 | 16oz | 12/箱 | | |
| 普通漆中切研磨剂 | P—115 | 1gal | 4/箱 | 选用特殊材料制成,不易粘在切板上,是国内大部分微型汽车的理想研磨材料。适用于去除各种普通漆研磨的严重氧化、中度划痕、擦伤等 | 不含硅氧烷 |
| | P—116 | 32oz | 6/箱 | | |
| 普通漆深切研磨剂 | P—150 | 1gal | 4/箱 | 属于摩擦能力最强的材料,配以氢氧化合物的深切型研磨剂具有传统工艺的优势,加上化学切割的功效,适合于各种大面积车漆研磨的工作 | 不含硅氧烷 |
| | P—151 | 32oz | 6/箱 | | |
| | P—230 | 10oz | 12/箱 | | |
| 普通漆抛光剂 | P—210 | 1gal | 4/箱 | 含有少量切割能力较强的研磨材料,用于对普通漆研磨后留有的痕迹进行快速抛光。对于经验丰富的技术员用它也可以用作透明的抛光。不含硬质摩擦材料,不含蜡,不含硅,但是它的效率要远远高于一般的抛光剂 | 不含蜡不含硅 |
| | P—211 | 32oz | 6/箱 | | |
| | P—240 | 10oz | 12/箱 | | |

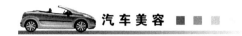

续上表

| 名　称 | 型号 | 容量 | 包装 | 性能与用途 | 备　注 |
|---|---|---|---|---|---|
| 透明漆抛光剂 | P—215 | 1gal | 4/箱 | 特别为透明漆设计,结合化学抛光和硅氧树脂的密封能力,大大减少了传统式打蜡前的准备工作,抛光后透明漆的光泽如同打过蜡。用于透明漆的抛光 | 不含蜡 |
| | P—216 | 32oz | 6/箱 | | |
| | P—235 | 10oz | 12/箱 | | |
| 通用增光剂 | P—220 | 1gal | 4/箱 | 本身具有一定的抛光能力,可以做一种抛光、增光二合一的产品来使用。主要用于抛光后车漆增添光泽,以承受各种气候条件 | |
| | P—221 | 32oz | 6/箱 | | |
| | P—270 | 16oz | 12/箱 | | |
| 通用还原剂 | P—231 | 32oz | 6/箱 | 主要用于去除抛光后车漆仍旧残留的一些发丝痕迹、机器旋转的痕迹及花纹等,从而把打蜡前的车漆还原到漆色固有的光泽最高境界 | |
| | T—30C | 8oz | 12/箱 | | |

说明:①gal(加仑)——容积单位(1gal = 3.785L)

②oz(盎司)——质量单位(1oz = 28.349g)

③硅氧烷——是一种硅化的合成树脂,加到研磨材料中后可以起到抗水、抗高温和增光的作用,较好地防止车漆老化。但是如果硅氧树脂未清洗干净或者空气中有此物质飘落,喷漆就会出现浮漆或漆露。为此,含硅氧烷的产品主要适合汽车护理人员使用,汽车漆工最好使用不含硅氧烷的产品。

### 2　车蜡

汽车的车身漆面等于汽车的外衣,一辆车看上去是旧是新,好不好看,很大程度上取决于它的车漆。因此,对车漆的护理十分重要,汽车打蜡是汽车表面护理中的一项重要作业。汽车蜡在保护车身漆面的同时,还可以使车漆表面保持亮丽的光泽。

1)车蜡的作用

汽车蜡的主要成分是聚乙烯乳液或硅酮类高分子化合物,并含油脂和其他添加成分。这些物质涂覆在车身表面具有以下功用。

(1)上光作用。上光是车蜡的最基本作用之一,打蜡能够不同程度地改善漆面的光洁程度,使车身恢复亮丽本色。

(2)研磨抛光作用。当漆面出现浅划痕时,可使用研磨抛光车蜡。如划痕不很严重,抛光和打蜡作业可一次完成。

(3)防水作用。空气中的水蒸气遇冷凝结后形成水滴附着在车身表面,在强烈阳光的照射下,每个小水滴就是一个凸透镜,在它的聚焦作用下,焦点处温度达800～1000℃,造成漆面暗斑,极大地影响了漆面质量及使用寿命。另外,有害气体和有害灰尘会造成漆层变色、老化。

车蜡能在大气与车身漆面之间形成一层保护膜,将车漆与有害气体、有害灰尘有效地隔离,起到一种"屏蔽"的作用。车蜡可以使车身漆面上的水滴附着减少60%～90%,高档车蜡含有特殊材料成分,不论用水冲洗多少遍,一般都不会流失,施工后还可使残留在漆面上的水滴进一步平展,呈扁平状,透镜作用不明显,可以有效地保护漆面。

（4）抗高温作用。车蜡能够对来自不同方向的入射光产生有效反射,防止入射光线穿透漆膜,从而延长漆面的使用寿命。

（5）防静电作用。汽车在行驶过程中,车身表面与空气流发生相对摩擦,易产生静电。用于静电作用,会使灰尘附着于车身表面。打蜡可以隔断空气、尘埃与车身漆面的摩擦,不但可有效防止车身表面静电的产生,还可大大降低带电尘埃对车表的附着。

（6）防紫外线作用。日光中由于紫外光的特性决定了紫外线较易折射进入漆面,防紫外线车蜡充分地考虑了紫外线的特性,使其对车表的侵害最大限度地降低。

车蜡除具有上述功用外。还具有防酸雨、防雾等功能。选用时可根据需要灵活把握,使打蜡事半功倍。

2）车蜡的种类

（1）车蜡按其成分划分。

车蜡按其成分划分可分为石蜡、树脂蜡、合成蜡三种。

石蜡:由石油提取,对车漆有损伤,属低档蜡;

树脂蜡:由植物成分提取,不损伤车漆,属中档蜡;

合成蜡:由人工合成,性能好,不损伤车漆,属高档蜡,熟称"釉"。

（2）车蜡按其物理状态的不同划分。

车蜡按其物理状态的不同可分为液体蜡、膏状蜡、固体蜡、原车保护蜡四种。

液体蜡:使用方便,多用于机械操作;

膏状蜡:适用于手工操作;

固体蜡:只能用于手工操作,属于非专业用品;

原车保护蜡:主要用于新车在运输过程中防止车漆氧化褪色或被划伤,现在很少采用。

这些汽车蜡的黏度越大光泽越艳丽,持久性越强,但去污性越弱,而且打蜡操作费力。相反,黏度越小的车蜡虽然便于使用但持久性很弱。在日常作业中,膏状蜡应用相对较广。按膏状蜡的功能不同可分为上光保护蜡、抛光蜡、研磨蜡三种。

（3）车蜡按装饰效果的不同划分。

车蜡可分为无色上光蜡和有色上光蜡。上光保护蜡的主要添加成分为蜂蜡、松节油等,其内部不含任何研磨材料。

无色上光蜡:无色上光蜡用于漆面状况极好的车,主要起增光作用。

有色上光蜡:有色上光蜡主要以增色为主。

（4）车蜡按功能的不同划分。

车蜡按其主要功能分为上光蜡和抛光研磨蜡两种。

上光蜡:上光蜡的主要添加成分为蜂蜡、松节油等,其外观多为白色或乳白色,主要用于喷漆作业中表面上光。

抛光研磨蜡:抛光蜡、研磨蜡的主要添加成分为地蜡、硅藻土、氧化铝、矿物油及乳化剂等,颜色有浅灰色、灰色、乳黄色多种。主要用于汽车漆面浅划痕处理及漆膜的磨平作业.以清除划痕、橘纹及填平细小针孔等。

3)车蜡的发展历史

自从世界上有汽车蜡至今已有几十年的历史,它由单纯打蜡上光、增加光泽的概念发展到今天的保护性上光,功能作用上发生了质的飞越,整个过程大体经历了如下阶段:

第一代蜡是固体石蜡:此蜡石油蒸馏物含量极高,附着力很差,无保护作用,但闪干时间长,约24h,非专业人员使用会出现亮度不匀的现象。

第二代是膏状石蜡:此蜡是液体石蜡的过渡性产品,石油蒸馏物含量很高,附着力很好,但闪干时间较长,约8h。

第三代是液体蜡:此蜡是经稀释后的复合型石蜡,渗透能力较强,附着力较好,闪干时间较长,约8h,但仍然采用传统配方。

以上三种都是以石油蒸馏物为主要原料的传统蜡,它们使用较麻烦,需彻底晒干后才能抛光,且一沾水就掉。

第四代蜡是单种聚合物的蜡:此蜡是内含单种聚合物的保护性上光蜡,其中包括清洗型和非清洗型两种,清洗型上光蜡内含有柔和的研磨材料,上光的同时能够去除漆面的轻度氧化和细微划痕。非清洗型上光蜡只有保护作用。

第五代蜡是多种聚合物的蜡:此蜡是内含多种聚合物的保护性车蜡,能够在漆面形成一层薄薄的膜,具有上光、防腐蚀、抗氧化等多种功能。适用于任何颜色的漆膜,保护时间长,耐候性极好,透明漆的使用效果更佳。

第六代蜡是纯天然成分的蜡。此蜡属于高科技产品,采用纯天然原料,更有利于车漆的保护。

从第四代蜡开始就属于新产品了,蜡中增加了聚合物(特氟隆、釉、硅等),这种聚合物一旦晾干后,在车漆表面形成一层薄薄的保护膜,同时又起到上光作用,一般其功效好的话可保持一年之久。近年来,含有聚合物的汽车蜡和天然制成的汽车蜡逐步占领汽车美容产品市场,种类很多,主要有:

(1)色蜡。色蜡色彩丰富。一般按车的颜色,红色用红蜡,黑色用黑蜡,目前的流行颜色大约有12种。

(2)含釉成分。很多人叫"太空釉",这类蜡的主要特点是防腐蚀、抗氧化、增加亮度。

(3)含特氟隆。特点是牢固、持久、抗氧化可深入车漆表层。

(4)含硅。渗透性和密封性好,能修补因氧化引起的毛细孔裂纹。

(5)含研磨剂。在打蜡的过程中起抛光作用。

(6)含天然原料(如棕蜡等)。能产生极好的光泽和透明度,是美容产品中的极品,适用于高档轿车。

## 二 汽车专业保护系列用品

汽车专业保护剂系列是一种能够起到增亮、抗磨、抗老化等保护作用的用品。主要用于皮革(包括人造革)、塑料、橡胶、化纤等材质的表面,对仪表板、保险杠、汽车座椅、车窗密封条、轮胎及电镀件等具有良好的保护作用。

随着化学工业的不断发展,汽车保护剂的性能也在不断提高,目前市场上出售的新一

代保护剂是含有多种成分的聚合物,在功能和操作方法上有以下特点:

(1)使用方便。目前汽车保护剂大多采用罐装喷雾式。使用时只需将保护剂喷涂在护理物体表面,然后再擦干即可完成护理作业。

(2)保护时间长。一次护理可以保持1~2个月。

(3)耐磨性好。使用汽车专业保护剂后,可以在物体表面形成一层保护膜,增加物体的耐磨能力。

(4)光泽好。汽车专业保护剂含增光剂,可以提高物体表面的光泽。

(5)防老化。汽车专业保护剂富含抵御紫外线照射的成分,可以阻挡阳光中紫外线的照射,防止橡胶、塑料、皮革等表面的老化、龟裂、褪色。

保护剂的品牌很多,按适用于不同材质区分,大致可以分为以下几类:

### ❶ 皮革保护剂

皮革保护剂(图3-16)一般也适用于塑料制品,所以有些也称为"皮塑保护剂"。用于皮革(含人造革)、塑料件的表面,起上光、软化、抗磨、抗老化等作用,适用于皮革座椅、仪表板、转向盘、车门内侧以及塑料保险杠等。

使用方法:使用时只需将保护剂均匀喷在待处理件表面,用纯棉软布粘少许保护剂轻轻擦拭即可起到翻新效果。如果所处理的表面太脏,应先用皮革清洁剂清洁后再使用。

图3-16 皮革保护剂

### ❷ 化纤、丝绒类专业保护剂

使用本品可以对化纤、丝绒类物质的表面起清洁、抗紫外线、抗老化、防腐蚀等保护作用。一般汽车内饰的化纤制品较多,如顶棚、车门内饰板、座椅外套等。这些物品的表面很容易接触灰尘、油泥等污垢,直接影响到汽车内饰的美观。护理时使用单纯的化纤织物清洗剂只起清洁的作用。而化纤、丝绒类专业保护剂含有硅酮树脂,在清洗去污的同时,可以将这种聚合物附着在纤维上,起到防紫外线、防老化、防腐蚀等保护作用。而且再次脏了也比较好清洗。

选用化纤、丝绒类专业保护剂时,要注意产品使用说明,选用有较强保护作用的产品使用。使用时将化纤、丝绒类专业保护剂喷在化纤制品表面,用刷子刷洗或用毛巾擦拭,晾干后即可。

### ❸ 塑胶专业保护剂

使用塑胶专业保护剂(图3-17)对橡胶件起清洁、抗氧化、抗老化作用。适用于汽车轮胎、橡胶密封件、保险杠等橡胶和塑料制品。通过它的抗紫外线照射作用来防止橡胶及塑料的氧化,从而实现其保护作用。同类产品还有保险杠翻新剂、皮革上光剂、轮胎上光保护剂等。

使用时先用洁净的软布蘸少量的塑料清洁上光剂,再用此软布擦拭塑料部件的表面,边打圈边擦拭,顽固污渍或凸凹表面可能要重复几个来回,直至物质表面出现光泽即可。

图 3-17　塑胶专业保护剂

**❹ 轮胎上光保护剂**

轮胎上光保护剂(图 3-18)适用于轮胎表面,对轮胎起清洁、上光、抗老化的作用。该用品内含专门的聚合油脂,能够提高持久的、不受天气影响的光亮效果,恢复表面自然光泽,对漆面或合金无不利影响。

按轮胎保护剂的功能不同可以将其分为两种,一种以清洗为主,清洗的同时还具有增黑上光的作用。另一种以上光为主,无清洗功能,但上光功能很强,使用时只需喷在轮胎表面,无需擦拭,让其自然干燥,数分钟后轮胎变得光亮如新。这两种产品建议同时使用,前者清洗,后者上光,专业保护作用更好。单独使用上光功能的轮胎保护剂时,应将轮胎表面清洗干净,待其干燥后再使用,或喷或刷后,擦掉多余的部分,等到晾干后即可。

**❺ 轮辋清洗剂**

轮辋清洗剂(图 3-19)用于任何类型的轮辋,泡沫丰富,可以去除马路粉尘、制动产生的粉尘和油脂,无酸、无毒、无腐蚀,不会伤害轮辋,用后可以使轮辋明亮清晰。

**❻ 多功能防锈剂**

多功能防锈剂(图 3-20)主要用于金属表面,起除锈、防锈的作用。该产品具有很强的防腐功能,对不同的金属无腐蚀现象,而且有很好的防护作用,具有优越的避水性,对橡塑件无任何腐蚀。也可以用于油漆、橡胶及塑料表面、发动机表面及底盘等的防锈处理。同类产品还有电镀件防锈保护剂,主要用于电镀件表面的除锈保护。由于电镀件表层破损后极易氧化生锈,用砂纸研磨容易损伤镀膜层,因此不太好除锈。而电镀件防锈保护剂是采用化学方法除锈,同时对电镀件起防氧化的保护作用。

图 3-18　轮胎上光保护剂　　图 3-19　轮辋清洗剂　　图 3-20　多功能防锈剂

(1)清洗剂在洗车中的作用:实现快速高效清洗,确保清洗质量,节省清洗费用,有利于保护环境。

(2)清洗剂的除垢机理：润湿、吸附、溶解、悬浮、去污。

(3)清洗剂的种类：不脱蜡清洗剂、脱蜡清洗剂、二合一清洗剂、环保型清洗剂、增光型清洗剂。

(4)汽车室外清洗剂：不脱蜡洗车液、上光洗车液、泡沫上光洗车液、天然洗车液、变色水蜡、脱蜡洗车液。

(5)汽车内室洗车液：丝绒清洁保护剂、化纤清洗剂、塑胶清洁上光剂、真皮清洁增光剂、多功能内室光亮剂、车内仪表板清洁剂、玻璃清洗液、地毯洗涤保护剂、多功能清洁柔顺剂。

(6)去油剂：水质去油剂、石化溶剂型去油剂、天然溶剂型去油剂。

(7)溶剂：油脂开蜡水、树脂开蜡水。

(8)汽车研磨、抛光、还原用品：研磨剂、抛光剂、还原剂。

(9)车蜡的作用：上光作用、研磨抛光作用、防水作用、抗高温作用、防静电作用、防紫外线作用。

(10)车蜡的种类：车蜡按其成分划分可分为石蜡、树脂蜡、合成蜡三种；车蜡按其物理状态的不同可分为液体蜡、膏状蜡、固体蜡、原车保护蜡四种；车蜡按装饰效果分为无色上光蜡和有色上光蜡；车蜡按其主要功能分为上光蜡和抛光研磨蜡两种。

(11)含有聚合物的汽车蜡和天然制成的汽车蜡主要有：色蜡、含釉成分、含特氟隆、含硅、含研磨剂、含天然原料。

(12)汽车专业保护剂的特点：使用方便、保护时间长、耐磨性好、光泽好、防老化。

(13)汽车专业保护剂的种类：皮革保护剂、化纤丝绒类专业保护剂、塑胶专业保护剂、轮胎上光保护剂、轮辋清洗剂、多功能防锈剂。

思考与练习

**(一)填空题**

1. 汽车清洗剂的除垢机理为_____、_____、_____、_____、_____。

2. 清洗剂的种类有_____、_____、_____、_____、_____。

3. 汽车研磨、抛光、还原用品分为：_____、_____、_____。

4. 车蜡的作用：_____、_____、_____、_____、_____、_____。

5. 汽车专业保护剂的特点：_____、_____、_____、_____、_____。

**(二)判断题**

1. 在对汽车进行室外清洗时,选用不脱蜡清洗剂可以不用稀释。（　　）

2. 车内仪表板清洗剂不可放置于热源、火源附近,可用于喷涂转向盘、座椅支撑等部位。（　　）

3. 二合一清洗剂,即将清洗、护理合二为一,既有清洗功能,又有上蜡功效,可以满足

快速清洗和打蜡的要求。　　　　　　　　　　　　　　　　　　（　）
4. 由于还原剂含有蜡或上光剂,因此在抛光功能上比纯抛光剂要好些。（　）
5. 研磨剂按使用范围不同分为普通型研磨剂和通用型研磨剂。　　　（　）
6. 多功能防锈剂主要用于金属表面,起除锈、防锈的作用。　　　　（　）

(三)简答题

1. 简述清洗剂在洗车中的作用。
2. 汽车室外清洗剂分为哪几种?
3. 车蜡的种类有哪些?
4. 汽车专业保护剂的种类有哪些?

# 单元四　汽车外部的清洁护理

 **学习目标：**

1. 了解车身清洗的时机,掌握车身清洗的流程,掌握车身清洗的注意事项。
2. 了解封蜡类型及其他用具,掌握开蜡程序,重视操作注意事项,安全操作。
3. 了解汽车漆面附着物,掌握沥青、鸟粪的清除用品及方法,掌握树胶的清除窍门。
4. 了解打蜡的目的和时机掌握,深刻认识打蜡的效果,掌握打蜡上光的操作程序。
5. 了解封釉的原理,掌握封釉的工序。
6. 了解汽车外饰包含的种类,掌握外饰清洁要点,重点掌握塑料部件的护理。

 **建议课时：**

18 课时。

## 课题一　车身清洗

　　汽车清洗是汽车美容的重要组成部分,也是汽车美容的基础。汽车在使用过程中,由于日晒雨淋、风吹砂击、尘土飞扬,以及高温、严寒、强光、酸雨等恶劣的环境影响,使车身漆面和零部件表面受到侵蚀,沾染污垢,严重地影响汽车装饰的效果和使用寿命。为提高汽车的使用寿命,保持汽车清洁靓丽、车容整洁、车况良好,就必须及时对汽车进行清洁护理,如图 4-1 所示。

# 汽车美容

图4-1 汽车清洗

## 一 车身清洗的时机掌握

### 1 按气候变化情况

（1）晴天。

车身每周应该清洗一次，特别是晴天持续的情况下，更应如此，车主可以用掸子扫去车身灰尘，接着再用湿毛巾简单擦拭前后玻璃、车窗、左右后视镜。在此简易操作过程中，注意保持掸子的清洁，同时湿毛巾也应保持清洁，防止掸子、毛巾中的沙粒等硬物划伤车漆。

很多人都认为晒太阳容易影响车漆，但是实际上并不是这样的。很多车原本就停在露天场所，每天就会晒很久，也不见得满大街的车都是掉漆的。当然，晒太阳也不能晒太久，暴晒一整天是肯定会影响车漆的。

（2）雨后。

随着雨季的逐渐到来，潮湿的天气也会一天比一天多，湿气一大，不仅人感觉到难受，其实汽车也会感到不舒服，雨季的高湿天气会对汽车的很多部位，比如车身、底盘、内饰、发动机等都会有一定的影响。

连日的阴雨，车身除了泥污以外，还时常会有柏油之类的黏性物质，如果不及时清洗，天长日久很容易牢固地依附在车壳上，难以清除。

车辆的底部与下部，这里的污物堆积最多，比较难清洗，也容易发生锈蚀或者伤及漆面的事。造成车身锈蚀的原因：一是积存在车身孔洞中的湿气。二是车辆外部的油漆和保护层剥落。

雨水中的酸性成分对漆面具有腐蚀作用，久而久之也会对车体造成伤害，因此在雨水较多的季节，除了多洗车，最好能给爱车进行一次漆面维护。一种简单有效的方法是打蜡，更长久更有效的是进行封釉，两者都能够防止漆面褪色老化，从而保护车体不受伤害。

（3）雪后。

大雪过后，很多车辆车身完全被厚厚的积雪笼罩。一些车主认为车上的积雪并不脏，没有必要及时洗车。其实这样做对车辆非常不利。看似洁白的雪中含有大量的酸性、碱性或盐类等腐蚀性物质，若不及时清除，积雪会侵蚀车漆，使外部亮釉失去光泽。此外，如果车身上的积雪未能及时清除，雪后天气转冷，积雪容易结冰，冻住窗户、喷水孔、钥匙孔等处。

为了迅速清除风窗玻璃上的积雪，不少车主一上车就立即启动了刮水器。由于积雪过厚，很多刮水器上的橡胶条不堪积雪重负最终变了形。不仅没能把积雪除去，还损坏了刮水器。因而，当车辆风窗玻璃积雪较厚时，不要直接打开刮水器，最好用汽车专用的除雪铲（如图4-2）将雪铲除。如果没

图4-2 除雪铲

有除雪铲,则可以先用掸子将车顶、车门等处的大面积积雪初步清除,然后再用柔软的塑胶片或者抹布小心地将车窗、后视镜以及门把手等处的雪铲掉。

雪后洗车不能用冷水直接冲洗,尤其是发动机升温后,车前部温度较高,用冷水清洗会造成急速降温,对表面油漆很不利,更不能直接冲洗发动机,容易导致发动机爆缸。

当然,也不能使用热水冲洗,这样做实际上是对爱车的摧残,因为温度的骤然变化会伤害车漆,使它逐渐失去光泽,而车的风窗玻璃也有可能在倾泻的热水中炸裂。

正确的洗车方法是,发动车子打开车上的暖风系统,然后再用温水洗车。有的车主自己洗车时只用一桶水,这样的洗车实际上是在毁车。只使用一桶水洗车,容易将车身上的泥沙夹到水桶中,这样容易划伤车漆。况且,只用清水是无法洗净雪水里的盐分和碱性物质的。

没有洗车经验的新手车主,最好到专业的洗车店,通过洗车机大量的流动清水,及水中添加的中性清洁剂,温和冲洗车身,同时专门清洗车轮的轮刷会把轮毂缝隙里的污泥刷洗得非常干净。

**注意**:雪后洗车后要及时把车烘干。

洗车后最好能要求洗车店把车烘干,如果无法做到烘干,那也要打开车门和车窗,及时擦干水迹,以防止门缝、窗缝和后视镜等处的残水结冰。如果冻住了,也不要着急,可以把车开到地下室、车库等温度稍高的地方停放,十几分钟后就自然化开了。

使用电脑洗车机洗车,自动风干程序可以把存留在车身缝隙里的水全部吹出来,在室内将车完全擦干,避免低温将水渍冻在玻璃上影响观察视线。

如果用水枪冲洗,清水很容易灌进锁眼冻住。因此洗车前,最好能用胶布把锁眼贴住,防止进水。

**❷ 根据行驶路况**

(1)恶劣路况。

当行驶路况十分恶劣时,例如施工工地或经常路过工地时,汽车外表往往受到工地的尘土、泥浆的污染,特别是工地的沥青、泥浆的侵蚀,收车后应及时冲洗;多雾的山区,由于道路不佳,路面砂石、尘土较多,尤其在有雾天或雨天行车时,车身更易受污泥侵蚀严重,一般应及时对车进行清洁护理。

(2)特殊环境。

在海边停放过夜,遇有露水、雾天等潮湿天气,容易在车身上挂满高盐分附着物,应用清水彻底清洗。热带高温潮湿,也易使车身受到侵蚀,均需及时对汽车进行清洁护理。

初冬季节的北方遭到了雾霾的侵袭(如图4-3),雾霾不仅"伤人",还很"伤车"。雾霾主要由二氧化硫、氮氧化物和可吸入颗粒物这三项组成,它们与雾气结合在一起。这样的污染物呈酸性,却又不会像酸雨一样直接冲刷车体,而是在车身表面不断累积,这种无处不在的酸性小雾滴将直接腐蚀橡胶、车漆、金属部件等,给爱车造成短时间不明显,长久来看却又很恶劣的影响。

雾霾天洗车有讲究。雾霾天洗车,宜勤不宜怠,及时洗车对清除车表面的酸性物质很有帮助,但是也有一些需要注意的地方。最忌讳的就是一人一桶一块布的人工洗车方式了,雾霾里有很多小的灰尘、小颗粒,直接用水冲洗,用抹布擦,车漆上容易有小刮痕,对漆面光泽度有影响,所以还是找专业的洗车商家为好,如果有条件最好是用洗车机清洗。电脑洗车在洗车过程中使用的是专业洗车液 PH 值为中性,不会侵蚀车表面,而且含有水蜡成分,更能在洗车的同时给予车体一种滋润维护的功效,不会损伤车漆,反而越洗越亮。

今年的雾霾天可能会持续,且行且珍惜才是长久之道。

图 4-3  雾霾

(3)意外情况。

经过铺洒沥青新路段时,风刮沥青喷雾沾污车身一侧时,需停车及时将沥青除尽,进行适当护理。通过喷涂油漆的路段或天桥时,恰遇涂料洒落车上,应及时停车彻底清除油漆或广告涂料。

## 二  准备工作

### ❶ 环境

作业厂房要划分为两个区域,也就是美容区和洗车区。地面应硬化、场地应平整;停车范围清楚,标志标线明显。同时注意防尘和消防设施的配备。

### ❷ 人员

人员要精神抖擞,充满活力,服装要干净整洁,如图 4-4 所示,特别注意不要穿带扣子的衣服,防止划伤车漆。观察车辆有无顽固污迹,如沥青、树胶、鸟粪等,有则要在一般清洗流程基础上进行特种清洗,有交通膜则要在清洗剂中添加专用的交通膜清洗剂。

接车要注意的是第一向顾客问好,第二提醒顾客保管好车内的物品,第三、检查车漆的状况并对车主做及时地说明,有必要和顾客签字确认。

### ❸ 工具

洗车工具齐全、摆放整齐,如图 4-5 所示。洗车毛巾要分类处理,不能一块抹布用到底,因为擦过车身下部的毛巾里有大量洗不掉的细沙,这样的毛巾极易划伤车漆。这样的分类摆放会引起顾客的注意,会让顾客感觉到:这家的洗车准备是这么的专业和仔细,洗车的细节都考虑这样周到,那么其他施工也就应该值得信赖了。

图 4-4　人员着装

图 4-5　工具摆放

### ❹ 调水压

调整水枪的压力,不大于 7 个大气压强。

### ❺ 泡沫喷涂

一般使用专门泡沫机,手工的话用海绵就可以了,如图 4-6 所示。

车漆适应弱碱性泡沫溶液清洗,但是洗衣粉或其他洗涤剂都属于强碱性溶液,很容易伤到车漆,破坏了车漆的光亮度。而专用的汽车洗车泡沫属于车漆适应的弱碱性溶剂。

图 4-6　泡沫喷涂

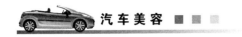

## 三 清洗方法

### 1 电动洗车

电动洗车包括半自动洗车和全自动洗车两种。主要区别是：半自动洗车需要美容师人工操作洗车机的功能按钮。全自动洗车只要按下启动按钮，剩下的事由全自动洗车机自动完成。

(1)电动洗车主要步骤。

寻找车辆污秽部分→做好准备，开始清洗→汽车进入洗车机内部→喷水，滚刷开始运转→清洗右侧左侧上侧→喷水蜡，将水蜡擦亮→将车风干，如图4-7所示。

图4-7 全自动洗车

(2)全自动洗车注意问题：

第一，将汽车停放在洗车道所涉及的位置；

第二，将车门、车窗紧闭；

第三，清洗之前，应与客户商量要不要加水蜡一起清洗。因为一旦下雨，水蜡会附着在玻璃上，尤其前风窗玻璃，造成模糊视线；

第四，洗完后的车，车轮还是有水。建议客户慢速行驶，使水分被地面逐渐吸收后再高速行驶。最好风干，否则灰尘会沾到车轮上。

### 2 非接触式洗车

非接触式洗车如同电动洗车，采用非接触理念，真正做到无损洗车，同时将洗车与养护相结合。不过由于蜡、洗车液等成本偏高，因此费用较一般洗车贵。

(1)用高压水流形成一道雨墙，以各种角度冲刷车辆，冲掉灰尘；

(2)将中性专业洗车液喷到车身上，自动感应喷头会根据车身形状，反复清洗；

(3)清洗结束喷水蜡。

(4)根据车身，出风口迅速吹干车身；

(5)使用高压空气，将缝隙中的残余水分冲掉。

## 四 常规的洗车步骤

高压清水冲洗车身→车身泡沫浴→擦洗车身泡沫→高压冲洗→擦干车身→整理→完成作业。

## 课题二 新车开蜡

### 一 开蜡所需产品

**① 油脂开蜡洗车液**

市场上80%的产品属于非生物降解型溶剂,主要原料提炼于石油,强碱性药剂,因此使用时应注意劳动保护。

**② 树脂开蜡洗车液**

属于多功能轻质水溶性清洁剂,含有树脂聚合物的溶解元素,渗透性较好,使用起来比较安全。

**③ 强力脱蜡洗车液**

属于生物降解型产品,主要提炼于天然橙皮,并含有阴离子表面活性剂,泡沫丰富,分解性较好,因此成本也较高。

### 二 开蜡所需工具

**① 橡胶手套**

因多数开蜡液均属轻质性煤油类产品,渗透分解性极强,有害于皮肤,所以应使用橡胶手套采取防护措施。

**② 专用洗车海绵**

这种中密度海绵具有极好的包容性,在清洁车身过程中能将沙粒及尘土深藏于气孔之内,避免了因擦洗工具过硬而不易包容泥沙给车体造成划痕的问题,配合高润滑性阴离子表面活性剂(高泡洗车液)更可保证操作中万无一失。

**③ 高密度纯棉毛巾**

三遍开蜡工序中都需使用,因质地比较柔软,即使清洁车体后表面仍存有少量泥沙,开蜡过程中也不致对漆面造成影响外观效果的较大伤害,所以纯棉毛巾应是开蜡过程中必不可少的重要工具之一。

**④ 塑料刮板**

这种刮片制料较软,具有一定韧性,加之垫有纯棉毛,所以操作时不会对漆面造成任何损伤。验车时可用此方法清除手指触及不到的地方,如板块连接处、车标等。

**⑤ 防护眼镜**

防止施工中毛巾擦洗车体时药剂飞溅入眼。如有类似现象发生,应立即用清水冲洗,情况严重者应马上就医。

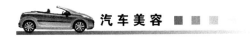

## 三 封蜡类型

### 1 油脂封蜡

油脂封蜡车体蜡壳呈半透明状态,多用于长途海运的出口汽车。它可提供蜡壳极硬的保护层,即使碱性极高的海水飞溅于涂有封蜡的车体表面,也不能对其造成任何损害,并可防止大型双层托运车在途中遇到树枝或其他人为所造成的轻微损伤,保证了新车在出厂后一年内不受其他有害物质的侵蚀。

### 2 树脂封蜡

车体蜡壳呈亚透明状态,主要用于本国短途运输的汽车。它可为车身提供一年以上良好的硬质保护层,能防止运输新车过程中人为轻微刮蹭所造成的划痕现象,但无法抵御海水的侵蚀,所以这种树脂封蜡不适合在海洋运输中为汽车提供防止碱性物质侵蚀的保护层。

### 3 硅性油脂保护蜡

车体蜡壳呈透明状态,新车出厂时为汽车提供短期的保护层。能有效防止阳光紫外线、酸碱气体、树枝、风沙等一般的侵害。对于海水或运输新车过程中所造成的刮蹭现象却不能起到很好的保护作用。

## 四 开蜡操作程序

### 1 硅油新车保护蜡开蜡程序

(1)首先将车身大颗粒泥沙冲洗干净。
(2)然后将强力脱蜡洗车液用喷雾器均匀喷洒于车体。
(3)用洗车海绵按汽车板块顺序将全车快速擦拭。
(4)最后用高压水枪将车身擦掉的蜡质及污物冲净,擦干后打蜡即可。

### 2 树脂封蜡开蜡程序与步骤

(1)用高压水枪将车体大颗粒泥沙冲洗干净,然后用配制好的脱蜡洗车液均匀喷洒于车体,并用洗车海绵擦拭全车,冲净后无须擦干。
(2)将树脂开蜡洗车液均匀喷洒于单一板块,晒凉一分钟后,将喷洒过药液的板块用半湿性毛巾擦拭,这时此板块封蜡应可被完全清除,然后用脱蜡洗车液清洁此板块。按此方法逐块清洗,直至将全车封蜡清除。
(3)然后将车身连接缝隙处残留的封蜡用塑料刮片垫半湿性毛巾清除干净。
(4)用配制好的脱蜡洗车液将全车再次清洁,擦干后打蜡即可。

## 五 注意事项

(1)进行开蜡工序前,必须将全车外表清洁,以免操作时因车体携有沙粒给漆面造成划痕。

(2)开蜡中所使用的毛巾应不断清洁,以保证清除掉的封蜡不致存留于毛巾上太多而不便于继续施工。

(3)如在擦除封蜡过程中发现"吱吱"的响声,应立刻停止施工,说明毛巾中存有沙粒,清洗干净后才可使用。

## 课题三　漆面附着物清除

夏季,汽车在新修的柏油路上行驶,经常会沾上刚浇的沥青或烤化的沥青,沥青是无法用普通布擦掉的。同时这些沥青或焦油是需要我们及时清理的,原因有以下几点:

### 一　清除沥青、焦油

#### 1 原因、危害

(1)保持车表清洁的需要。若车表面附有沥青、焦油,无论是深色漆面还是浅色漆面的车辆,其视觉影响都是很大的。对深色漆面而言,若有星星点点的沥青、焦油附着,如图4-8所示,不会对视觉产生太大影响,但如果面积较大,会出现明显的灰斑迹,加之汽车行驶中灰尘的黏附,这种感觉更加明显。对于浅色漆面就不言而喻了。

(2)保护车身漆面的需要。对于有机化合物的沥青和焦油,它们若在漆面附着,在特定的环境下,会产生以下结果:漆面出现污斑。被沥青或焦油长时间附着的漆面,在有机烃的作用下会出现污斑,特别是丙烯酸面漆的汽车尤为明显。同时,这种污斑不易清除,有时需打磨。

图4-8　沥青附着

(3)漆面破损处发生电化学反应。沥青和焦油中往往含有有机酸性物质,若漆面破损,就会在金属表面产生电化学反应,加剧金属腐蚀。

#### 2 清洗剂选择

沾在汽车车身上的沥青、焦油一定不能用汽油或香蕉水等擦拭,这些化学物质对车身表面油漆有腐蚀作用,会溶解油漆,使其失去光泽。

要去掉在车身上的沥青,涂车蜡最好,因为蜡中的油分能将沥青的焦油溶解。用它去除沥青焦油的污迹,是十分有效的。车蜡对车身有保护作用,它原有的功能是使车身表面光泽。如沾的焦油太多太厚,很难擦除,可以反复涂抹车蜡,在拭除之后再以干净的粗布擦拭,这样就可将车身上的焦油污迹彻底擦拭干净。

#### 3 清除方法

当沥青或焦油附着于车身表面,应及时予以清除。可以采取以下几种方法:

(1)清水刷洗。对于附着时间不长的这类污物,一般可以刷洗清除。在刷洗时,水温在常温或常温以下,刷子要选用鬃毛刷,以免划伤漆面。

(2)有机溶剂清除。如果刷洗难于清除污渍,可选用有机溶剂,但选用时一定要注意不可选用对面漆产生溶解作用的有机溶剂,如含醇类、苯类的有机溶剂、信那水等。一般可用沥青清除剂浸润后,擦拭清除。

(3)焦油去除剂清除。焦油去除剂是汽车美容的常用产品,主要用于沥青及焦油有机烃类化合物的清洁。使用专用的焦油去除剂,既可有效去除污物,又不会对漆面造成损坏。建议在沥青和焦油的去除作业中,最好选用专用产品,若无专用去除剂,可酌情考虑前两种方法。

(4)抛光机清除。使用抛光机加入适当的研磨剂,亦可有效地去除附着在车表的沥青、焦油等顽迹。

## 二 清除鸟粪

### 1 清除原因

鸟粪是很多车主都比较头疼的东西,一来鸟粪中含有酸性物质,落在车身上会腐蚀漆面,而且也不卫生,如图4-9所示。引得大家神经紧张的禽流感病毒更是让车主们如临大敌,实际上清除鸟粪并不是多么困难的事情,大家只要方法得当即可。如果车窗、门把手上有鸟粪也最好不要去直接接触,鸟粪可能会携带禽流感病毒,注意个人卫生,鸟粪对于汽车和我们的身体健康都不会造成太大威胁。

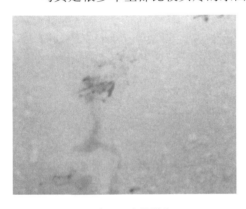

图4-9 鸟粪附着

### 2 清除方法

对于有条件的车主,可以随车准备稀释好的漆面清洁剂,将其喷洒在沾有鸟粪的车漆或车窗上,再附上润湿的纸巾或抹布,稍待几分钟等其软化后擦拭掉即可。有些时候由于鸟粪经过烈日的暴晒变得很干、很硬,需要多花些时间用水浸泡、润湿,一般都可起到良好的去除效果。

如果没有专业的清洗剂,车主也可以使用家用的普通清洗剂,但一定要注意是中性的,否则也会对车漆产生腐蚀效果。另外大家随身都用的湿纸巾也是个不错的选择,因为湿纸巾中的酒精成分对软化鸟粪、消毒都有不错的效果。

将车身上覆盖的鸟粪清除掉后,最好能用清洗液再擦拭一遍,确保将带有腐蚀性的鸟粪残余物质彻底去掉,此时如果能去洗个车就更好了。

### 3 注意事项

粘得很牢的鸟粪千万不要硬抠,以避免鸟粪残渣进入指甲缝里。在车窗上坚硬的鸟粪最好也不要用刮水器强行刮扫,以免加速雨刷橡胶条的老化。最好还是耐心多用些清洗液或清水浸泡润湿。

在这个特殊时期,车主在清理鸟粪的时候更应该注意个人卫生保护,首先在清除鸟粪后,一定要尽快洗手、及时把清理的废纸、废料清理掉,抹布要第一时间清洗、消毒;如果比较讲究的话,能带一双塑胶手套是比较理想的。

## 三 清除树胶

### 1 形成原因

在烈日炎炎的夏季,相信没几个车主愿意将爱车扔在烈日下暴晒。俗话说得好,"大树底下好乘凉",车主通常都会选择让爱车在树荫下纳凉,枝叶茂密几乎不透阳光,车子几乎没有暴晒之忧。但是停几次后,烦心事便接踵而至,车身上落满了树胶,时间一长就不好办了,比鸟屎还难去除,若使劲擦就会把车漆损坏。用车衣,每天上下班穿衣脱衣麻烦不说,对车漆也是会有损坏。顽固的树胶如何清理变成了难题。

经调查研究发现,春夏季节许多树(比如柳树、杨树、松树等)都会分泌树胶,树胶内含有一定的酸性,如果不及时清理,附着在车上时间长了会对车漆造成伤害,如图4-10所示。

树胶通常用水和洗车剂是很难清理掉的,洗车店通常会使用专用的清洁剂来清除,有时还需要进行抛光处理,既费时又费钱。

图4-10 树胶附着

### 2 清除方法

(1)方法一。树胶完全可以自己动手清理,对付树胶越早处理越轻松,树胶一旦硬化,就要先用温水冲洗树胶,再将浸水后的擦车布敷在树胶上,待附着在车漆和前风挡上的树胶软化之后再进行处理,以免造成漆面的损伤。

(2)方法二。车主也可以从汽车用品市场购买一些洗车泥,洗车泥是由特制的黏土材料制成的,能够清洁和吸附掉漆面的污垢,操作起来非常简单,对于清除树胶很有效,价格通常为十几元到几十元不等。

同时提醒广大车主,千万不要用小刀之类的坚硬物品直接刮除树胶,或使用不当的有机溶剂进行清洁,以免损伤车漆。

# 课题四 打蜡上光

作为汽车美容的传统项目,打蜡的作用首先就是防水,防酸雨,由于车蜡的保护,会使车身的水滴附着量降低,效果十分明显,能达到50%～90%;其次是防高温和紫外线,天气越来越热,汽车常年在外行驶或存放很容易因光照而导致车漆老化褪色,而打蜡形成的薄膜可以将部分光线反射,有效避免车漆老化;再次就是车蜡可以防静电,当然同时也防尘。汽车在行驶时与空气摩擦产生静电,而车蜡则可以有效地隔断车身与空气、尘埃的摩擦。少了静电车自然少了灰尘的吸附,而且车蜡还能起到上光的作用,使汽车显得更新更好看一点。

## 一 打蜡的时机

新车一般买回来半年之内不要打蜡,因为车子卖给你的时候基本上都打过蜡。而且新车出厂的时候打的那层蜡是原车蜡,不是在市场上花百八十块钱买的蜡可以比的。

没有车库保温存放的车,特别是经常风吹日晒的车。45天到两个月就要打一次蜡。有车库保温存放的话,可以三到四个月打一次蜡。顺便提醒大家:车蜡对车漆也不是完全没有损伤的,没事不要经常打蜡。

## 二 美容蜡的正确选用

目前,市场上车蜡种类繁多,既有固体和液体之分,也有高档和中档之别,还有国产和进口之选择。

由于各种车蜡的性能不同,其作用与效果也不一样,所以在选用时必须要慎重,选择不当不仅不能保护车体,反而使车漆变色。

图4-11 打蜡效果对比

一般情况下,应根据车蜡的作用特点、车辆的新旧程度、车漆颜色及行驶环境等因素综合考虑。对于高级轿车,可选用高档车蜡;新车最好用彩涂上光蜡以保护车体的光泽和颜色,如图4-11所示;夏天宜用防紫外线车蜡;行驶环境较差时则用保护作用突出的树酯蜡比较合适;而对普通车辆,用普通的珍珠色或金属漆系列车蜡即可。当然,选用车蜡时还必须考虑与车漆颜色相适应,一般深色车漆选用黑色、红色、绿色系列的车蜡,浅色车漆选用银色、白色、珍珠色系列车蜡。

## 三 打蜡的基本操作程序

### ❶ 清洗

打蜡前最好用洗车水清洗车身外表的泥土和灰尘。切记不能盲目使用洗洁精和肥皂水,因其中含有的氯化钠成分会侵蚀车身漆层、蜡膜和橡胶件,使车漆失去光泽、橡胶件老化。如无专用的洗车水,可用清水清洗车辆,将车体擦干后再上蜡。

给汽车打蜡应在阴凉处进行,保证车体不致发热。因为随着温度的升高,车蜡的附着性变差,会影响打蜡质量。

### ❷ 打蜡

上蜡时,应用海绵块涂上适量车蜡,在车体上直线往复涂抹,不可把蜡液倒在车上乱涂或做圆圈式涂抹;一次作业要连续完成,不可涂涂停停;一般蜡层涂匀后5~10min用新毛巾擦亮,但快速车蜡应边涂边抛光。

车身打蜡后,在车灯、车牌、车门和行李舱等处的缝隙中会残留一些车蜡,使车身显得很不美观。这些地方的蜡垢若不及时擦干净,还可能产生锈蚀。因此,打完蜡后一定要将蜡垢彻底清除干净,这样才能得到完美的打蜡效果。

车子是铝合金轮圈的话,每隔两到三个月也应该对轮圈打蜡,最好选择轮圈专用蜡。

内饰部分也应该经常打蜡,特别是黑色的内饰更应该打蜡。仪表盘和玻璃绝对不要打蜡,不然特别难清理。

真皮是绝对不要打蜡的,可以用保养液保养,如果一旦打蜡的话,真皮是特别难以清理干净的。

## 四 上光

蜡的主要成分是聚乙烯乳液或硅酮类高分子化合物,功效保用时间短,只有 7～15 天,久经紫外线照射会锈蚀车漆,特别是车蜡中的研磨颗粒,会在貌似光亮车漆上形成涡状发丝划痕,刚打完蜡时,这些划痕暂时可被蜡遮掩,但蜡会因温度变化和洗车而流失,显出满是划痕的漆面,于是不得不继续打蜡直至抛光。而抛光对透明漆层的损害则更大,一般 3 次抛光后,透明漆层将被去除,从而加速汽车变旧蜡本身起不到增强硬度和抗紫外线的作用,外部会因为温度过高很快流失,不抗静电(粘灰)。

## 五 注意

(1)打蜡作业要求环境清洁、通风;

(2)打蜡操作时要选取阴凉处,否则车表温度高(25℃以下比较合适),车蜡附着能力下降影响打蜡效果;

(3)有条件的在打蜡前对塑料件和橡胶条进行遮蔽,避免蜡残存在上面不好清除并造成腐蚀,如图 4-12 所示;

(4)在蜡有些发白的时候就可以擦了,需要用洁净的干毛巾擦蜡,打蜡结束后蜡和打蜡海绵要妥善保存;

(5)如果是漆面不够洁净,在打蜡前最好做洗车或者抛光处理;

(6)洗车打蜡不可过度,洗车每 7～10 天洗一次比较理想,打蜡每月一次就可以,过度洗车或打蜡反而会让车漆亮度渐渐退去。

蜡的亮度是"虚"光,光泽不来自于漆,达不

图 4-12 残蜡清除

到最终的镜面效果,光泽也没有深度,保留的时间很短,最多只能发一、两个月的光,经过雨水冲刷,蜡的光泽就没有了,打蜡的"虚"处就暴露出来了,说到底车蜡对车漆起不到理想的效果,时效性差。同时,经常使用这些蜡制品,只会导致车漆加速变旧,细心的车友都有体会白色的车只要用蜡不到半年就发黄。这也是很值得注意的问题。

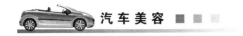

## 课题五 封釉护理

汽车行驶在各种路面,很容易附着上脏污的东西,刚刚洗完的车开出去不久,车漆上就会又成了灰蒙蒙的一片。而釉表面不粘、不附着的特性,使得漆面即使在恶劣和污染的环境中也能长久保持洁净,而且还可以有效的抵御温度对车漆造成的影响,漆面的硬度也可以得到大幅度的提高,具有防酸、防碱、防褪色、抗氧化、防静电、高保真等功能,如图4-13所示。

图4-13 漆面封釉后的保护效果

### 一 封釉的基本原理

封釉美容的基本原理是依靠振抛技术,用柔软的羊毛或海绵通过振抛机的高速振动和摩擦,利用釉特有的渗透性和黏附性把釉分子强力渗透到汽车表面油漆的缝隙中,形成一种特殊的网状保护膜,使油漆也具备釉的特点,从而提高原车漆面的光泽度、硬度,使车漆能更好地抵挡外界环境的侵袭,有效减少划痕,保持车漆亮度,从而起到美观和对车漆保护的作用。

### 二 封釉的作用

经过多道工序处理以后,在车漆表面形成一层保护膜,封釉具有隔紫外线、防氧化、抵御高温和酸雨的功能。

新车买了之后就去封釉,可以留住车漆的艳丽、光彩永驻;旧车做封釉可以使氧化褪色的车漆还原增艳,颇有翻新的效果。车展上的样车大多都经过了封釉处理,因此看起来晶莹剔透,光彩照人,如图4-14所示。

### 三 封釉的工序

第一步:中性清洗,第二步:黏土打磨,第三步:抛光及增艳,第四步:振抛封釉,第五步:无尘打磨。

**1 中性清洗**

别看只是清洗,却很有讲究。清洗剂要使用中性的,因为碱性的清洁剂会腐蚀车漆,如果残存在车体缝隙中,腐蚀性就更大了,建议您使用中性洗车剂,避免伤害车漆。

### ❷ 黏土打磨

由于长期积存的尘土、胶质、飞漆等脏污很难靠清洗来去除,因此经过清洗的车漆表面仍然是毛毛糙糙的,这就需要用一种从细腻火山灰中提炼出来的"去污黏土"进行全面的打磨处理。

### ❸ 抛光及增艳

就像人皮肤上的毛孔需要清理一样,车漆的毛孔也需要清洁。使用静电抛光轮,配以增艳剂,在旋转的同时产生静电,将毛孔内的脏物吸出。同时,增艳剂渗透到车漆内部,发生还原反应,可以达到车漆增艳如新的效果。抛磨的另外一个功效是可将车漆表面细小的软道划痕磨平。如图 4-15 所示。

图 4-14　新车封釉

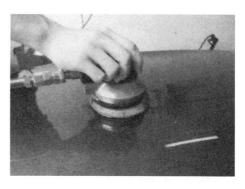

图 4-15　抛光

### ❹ 振抛封釉

这是汽车封釉美容的关键步骤。在专用振抛机的挤压下,晶亮釉被深深压入车漆的毛孔之内,形成牢固的网状保护层,附着在车漆表面。保护剂中富含 UV 紫外线防护剂,可以大大降低日晒辐射,并可抵御酸碱等化学成分的侵蚀。

### ❺ 无尘打磨

最后用无尘纸打磨一遍车身,可让车漆如镜面般光亮。

为使釉更好的渗入漆面,可用烤灯烘烤封釉漆面,如图 4-16 所示。

## 四　注意问题

一般情况来说,汽车封釉后还需要注意一些问题,而这些问题又特别容易忽略:

(1)封釉后 8h 内切记不要用水冲洗汽车,因为在这段时间内,釉层还未完全凝结将继续渗透,冲洗将会冲掉未凝结的釉。

(2)做完封釉美容后可尽量避免洗车,因为产品可防静电,因此一般灰尘用干净柔软的布条

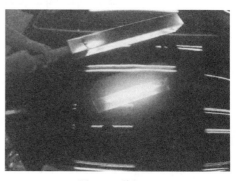

图 4-16　烤灯

擦去即可。

(3) 做了封釉美容后不要再打蜡,因为蜡层可能会黏附在釉层表面,再追加上釉时会因蜡层的隔离而影响封釉效果。

(4) 由于釉的不同,再加上路况和环境的影响,一般是2个月到半年封一次釉效果最好。

## 课题六　汽车外饰的清洁护理

汽车外饰件主要有风窗玻璃、车窗玻璃、后视镜、车灯、轮毂、轮罩、保险杠与饰板等。外饰件美容主要包括玻璃的清洗与抛光、车灯的清洁与抛光、后视镜的清洁与护理、轮毂与轮罩的清洁与护理、保险杠及饰板等作业项目。目的有二:其一,能确保行车安全,并给驾乘人员美的享受;其二,可以延长寿命。各个部件都用相应的专用清洗剂、抛光剂及护理剂来处理。

### 一　玻璃清洁护理

汽车玻璃就像人的眼睛一样,不能有灰尘,应经常保持其干净透亮,这样才能保证行车安全。

专业的玻璃清洁用品主要有玻璃清洁剂,风窗玻璃抛光剂、电离子镀膜剂。

#### 1 前风窗玻璃清洁护理

前风窗玻璃在行驶过程中,由于静电的作用经常会形成交通膜及各种污迹,同时由于车内与外部环境常有温差,会形成烟雾薄膜,严重影响驾驶员视线。另外,前风窗玻璃也容易失光,导致视线模糊。前风窗玻璃清洁护理是非常必要的,并应用针对性,具体方法如下:

(1) 清洁前应先将上面黏附的污迹、昆虫和沥青,用塑料或橡皮刀除去。

(2) 用液体玻璃清洗剂或去污粉和水溶液清洗前风窗玻璃外侧。水洗后如果前风窗玻璃未形成水珠,说明前风窗玻璃已清洗干净。

(3) 对存在交通膜或烟雾薄膜的,可使用风窗玻璃抛光剂进行抛光处理。方法是将抛光剂涂在欲擦拭的玻璃上,稍等片刻,用干净软布作直线式往复擦拭,直到将玻璃擦亮为止。

在前风窗玻璃上不要使用含硅酮的风窗玻璃清洁保护剂,因为一涂防水剂水都被弹掉了,刮水器便在极端无水状态下刷动,因而无法顺利滑动,橡胶的寿命也就缩短了。其实刮水器与防水剂是无法共存的。只要不用在前风窗玻璃,在其他的车窗或后视镜上涂抹风窗玻璃清洁保护剂也是无妨,一个月涂一次效果就可以了。如图4-17所示。

图4-17　玻璃护理

#### 2 车窗玻璃及后风窗玻璃的护理

后风窗玻璃在内侧有防雾除霜栅格,所以不

能用风窗玻璃抛光剂处理。另外,对于贴膜玻璃面(内面),也只能用清洁剂处理膜面。否则,不但不能清洁玻璃反而会将膜面刮花,影响采光效果。因此,只能用软布配合玻璃清洁剂,进行仔细处理。

玻璃外面可用抛光剂进行处理。玻璃外侧和透明胶的残痕,可先用塑料片将残留物清除,然后使用安全通用清洁剂,简单擦拭即可清除此类污迹。最后,用风窗玻璃抛光剂抛光处理即可。清洁时要小心,不要破坏了除霜栅格。

## 二 车灯的清洁与抛光

车灯的光照度对行车安全有重要影响,其中灯罩玻璃灯老化或有不同程度的划痕,都是导致光照度下降的原因,但车灯的护理很少有人注意到,或者不知如何处理。其实护理方法很简单,用透明塑料件研磨剂对车灯表面进行研磨抛光后,再用透明塑料件抛光剂用同样的方法进行抛光保护即可。其原理与漆面的镜面处理相同。具体操作方法如下:

(1)用玻璃清洗剂将车灯清洗干净,并吹干;

(2)将叠成方形的干净的纯棉毛巾蘸少量透明塑料研磨剂对车灯表面进行研磨,出现光亮后,用毛巾擦干。

(3)用另一块方巾蘸少许透明塑料件抛光剂用同样的方法进行抛光,直至清晰透彻为止。

**注意**:作业时研磨抛光车灯玻璃力度不可过大。

## 三 轮胎美容

轮胎美容包括清洁、增黑上光等作业。

(1)用高压水枪冲洗掉轮胎表面上的大量泥沙、污物。

(2)用沥青清洗剂去除轮胎附着的焦油和沥青等油性污物,效果如图4-18所示。

(3)用塑料刷子清洗轮胎,去除缝隙里的污物、石子。

(4)用万用清洗剂喷覆在轮胎上,用塑料刷子进一步清洗,并用高压水彻底冲洗干净;

(5)将轮胎保护剂倒在海绵上,按顺时针方向涂抹轮胎内外侧,晾干即可。

图4-18 用沥青清洗剂去除轮胎污物

(1)掌握汽车清洗的四个时机,重点掌握恶劣天气和环境清洗。

(2)了解汽车清洗一般的准备工作,重点掌握汽车清洗方法。

(3)明确新车车蜡类型,不同种类的开蜡洗车液,工具。

(4)掌握开蜡的操作程序和注意事项。

（5）了解汽车漆面附着物的种类，掌握沥青、鸟粪的清除用品及方法，了解树胶的清除窍门。

（6）掌握打蜡的时机掌握和美容蜡的正确选择。

（7）掌握打蜡的操作程序及注意事项。

（8）明确封釉的基本原理：封釉美容的基本原理是依靠振抛技术，用柔软的羊毛或海绵通过振抛机的高速振动和摩擦，利用釉特有的渗透性和黏附性把釉分子强力渗透到汽车表面油漆的缝隙中。

（9）掌握封釉工序：中性清洗，黏土打磨，抛光及增艳，振抛封釉，无尘打磨。

（10）了解汽车外饰件主要有风窗玻璃、车窗玻璃、后视镜、车灯、轮毂、轮罩、保险杠与饰板等。

（11）外饰件美容主要包括玻璃的清洗与抛光、车灯的清洁与抛光、后视镜的清洁与护理、轮毂与轮罩的清洁与护理、保险杠及饰板等作业项目。

## 技能训练一　洗车

**1 目的与要求**

（1）掌握汽车清洗工具使用。

（2）了解汽车清洗的方法和注意事项。

**2 训练的主要内容**

（1）明确汽车清洗的用品选用。

（2）汽车清洗练习。

**3 训练前准备**

（1）观察车辆，询问客户是否需要增艳处理。

（2）准备清洁用品及清洗机。

**4 操作步骤**

（1）冲洗车身。

冲车时从车顶的门缝结合线向另一侧冲水→车侧窗、车身腰线上半部→车前窗→发动机盖→车灯及格栅→前保险杠→车前弧旋、轮胎→车身腰线下部→车后窗→行李舱盖→车后弧旋、轮胎→后保险杠→车侧窗→车身上半部→车前弧旋、轮胎→车身下部→车后旋弧、轮胎。在这里强调一下冲车的顺序，这样冲车又快，给顾客的感觉又好。如图4-19所示。

（2）喷泡沫。

车身经过高压冲洗或低压浸润后将泡沫状

图4-19　车身清洗

的清洗剂喷涂于全车,覆盖到车漆表面,并保持2~3min,如图4-20所示。

(3)擦洗泡沫。

将海绵分成擦车上部和擦车下部两部分,如图4-21所示。同样不能一块海绵用到底,因为擦过车身下部的海绵里有大量洗不掉的细沙,这样的海绵极易划伤车漆。

图4-20　喷涂泡沫　　　　　　　　　　图4-21　擦洗泡沫

这里要强调的是:两名技师一定要对称作业,步调统一,节奏划一,按照一定的擦车顺序工作。不要各擦各的,要注意配合好动作整齐。这样对称作业的好处是:一旦训练熟练后,会擦得又快又好,又让顾客看得很舒服,感觉很专业,与众不同。

擦泡沫的顺序是:

先用海绵从车顶开始,按顺序擦后窗玻璃—侧窗玻璃—前风窗玻璃—发动机盖—车灯及前隔栅—翼子板—车身腰线上部—行李舱盖—车尾灯。

第三个洗车技师见缝插针的用清洗轮胎的专用海绵和刷子清洗轮胎。更换擦车下部海绵。用水将泡沫冲洗干净。

(4)高压冲洗。

擦洗完毕之后,开始冲洗车身,顺序同第一步一样,注意让水从上往下流,将上面的污垢带下,所以车上部位是冲洗重点,如图4-22所示。

(5)擦干车身。

两名技师先用专用的刮水板对称作业将车身上的余水刮去。这里注意的是不要用废弃的刮水器来刮水,那样容易伤到车漆。第三名技师此时将脚垫刷洗干净,放入甩干桶甩干。用专用的吸水毛巾将车身表面做第一步的抹干处理。如图4-23所示。

图4-22　高压冲洗　　　　　　　　　　图4-23　车身擦干

(6)吹干车身。

用风枪处理车缝隙中的积水,特别注意的部位是门边密封条、门把手钥匙孔、倒后镜、油箱盖、尾标、车灯缝隙、尾箱钥匙孔。用专用的擦车毛巾细致将车漆擦出光亮来。

### 技能训练二　油脂封蜡开蜡

**❶ 目的与要求**

(1)掌握油脂封蜡开蜡。
(2)熟悉开蜡的工艺流程和操作方法。

**❷ 训练的主要内容**

(1)掌握油脂封蜡选用。
(2)进行开蜡的练习。

**❸ 训练前准备**

(1)用品准备:脱蜡洗车液、油脂开蜡洗车液、清水。
(2)车辆准备:一辆需开蜡的新车。

**❹ 操作步骤**

(1)首先将车体污物冲净浸湿,然后用配制好的脱蜡洗车液清洁车身,冲洗后无须擦干。

(2)将油脂开蜡洗车液罐装于手动喷壶或气动喷雾器内,然后均匀喷洒于车体。

(3)晒凉三分钟后,喷洒少许清水,用半湿性毛巾按顺序全车擦拭,然后用配制好的脱蜡洗车液将全车清洗,冲净后无须擦干。

(4)将油脂开蜡洗车液再次喷洒于某一板块,晒凉一分钟后,将喷洒过药液的板块用半湿性毛巾再次擦拭,这时此板块残留封蜡应可以完全清除,然后用脱蜡洗车液清洁。按此方法逐块清洗,直至将全车封蜡清除。

(5)最后验车时,应将车身连接缝隙处残留的封蜡清除干净,并将全车外表用脱蜡洗车液再次清洁,擦干后打蜡即可。

注意:

(1)封蜡停留于车体表面两年以上的车辆,应在开蜡后进行抛光,然后打蜡或复颜即可。

(2)因开蜡后新漆膜暴露在外,极易受到氧化,所以应使用耐候性较好的新车保护蜡进行上光。

### 技能训练三　清除沥青

**❶ 目的与要求**

(1)了解清除沥青的所需用品。
(2)熟悉清除沥青的作业项目。

(3)掌握清除沥青的工艺流程和操作方法。

❷ 训练的主要内容

(1)清除沥青的用品选用。

(2)尝试不同方法清除沥青。

❸ 训练前准备

(1)用品准备:少量柴油或煤油、沥青清除剂等。

(2)车辆准备:准备一辆车身表面黏有沥青的车辆。

❹ 操作步骤

方法一:

(1)先将车身清洗干净,即可看出沥青颗粒。

(2)在干净布上沾上柴油或煤油,并轻抹在沥青处,或将柴油或煤油装在喷涂容器内喷洒在沥青处。

(3)等待车身上的沥青溶解。

(4)擦拭溶解后的沥青,如果仍未能完全溶解,可再多加些柴油或煤油使其溶解。

(5)擦拭干净后,立即用清水清洗该处并擦拭干净。

拭干后再将全车或只有清洗沥青的部分打蜡、清洁。在清洁车身的沥青时千万不可使用与乙二醇基有关的溶剂,如汽油、酒精、制动液等,否则容易破坏车身的烤漆。

方法二:

使用沥青清除剂。以往是用毛巾和黏土用力擦去沥青,往往会使漆面出现划痕。涂抹清除剂则不同,它不会给漆面带来损害,如图4-24所示,不是将附着的沥青擦掉,而是用清水溶解后冲洗即可,非常简单。

因为沥青是已凝固的油脂,普通的洗车是无法将其冲走的。清除剂可以用水将其冲走,将其涂抹在凝固的油脂上会浸透溶解,同时可能具有遇水乳化的性质,洗车前涂抹在凝固的油脂处,洗车冲水时即可将其冲掉。按说明书使用,很容易将沥青去除干净。

图4-24 涂抹清除剂

注意:

(1)沥青专用去除剂,不能去除铁粉及涂料,使用前一定确认好附着的是哪种附着物。

(2)炎热天气太阳直射时或者车体表面发热的情况下禁止使用。

(3)溶剂涂到漆面上之后,在液体干燥之前要清洗掉,否则可能会产生斑点。

(4)塑料或橡胶部分沾有本液时,请尽快擦掉,否则可能会产生斑点,请一定要注意。

(5)误入眼睛后,要赶紧用清水洗脸15min以上,误饮药液的情况下,要立马就医。溅到皮肤或衣服时,用水冲洗干净。

(6)请放置在婴幼儿够不着的地方保管。

(7)请不要放置在高温多湿的地方、阳光直射的地方、冻结的地方(请尽量不要放置在车内)。

## 技能训练四　打蜡

### ❶ 目的与要求
(1)了解打蜡的所需用品。
(2)熟悉打蜡的作业项目。
(3)掌握打蜡的工艺流程和操作方法。

### ❷ 训练的主要内容
(1)打蜡的用品选用。
(2)尝试打蜡操作。

### ❸ 训练前准备
(1)用品准备:车蜡、海绵、毛巾。
(2)设备准备:打蜡机。
(3)车辆准备:准备一辆需要打蜡的车辆。

### ❹ 操作步骤
(1)准备工作。

①打蜡作业环境清洁,有良好通风,有条件可设置专门的打蜡工作间。

②应在阴凉处给汽车打蜡,否则车表温度高,车蜡附着能力会下降,影响打蜡效果。为了保证打蜡效果,打蜡前对车辆必须进行彻底清洗。

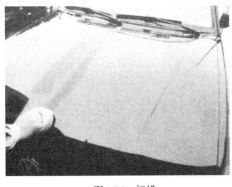

图4-25　打蜡

(2)涂蜡。

①打蜡时,手工海绵及打蜡机海绵运行路线应该直线往复,不宜环形涂抹,防止由于涂层不均造成强烈的环状漫射。如图4-25所示。

②打蜡时应遵循先上后下的原则,即先涂抹车顶,前后盖板,车身侧面等。

③打蜡时,若海绵上出现与车漆相同的颜色,可能是漆面已经破损,应立即停止打蜡,进行修补处理。

(3)除蜡。

抛光作业要待上蜡完成后规定时间内进行,且抛光运动也是直线往复。未抛光的车辆绝不允许上路行驶,否则再进行抛光,易造成漆面划伤。

(4)上光。

应用海绵块涂上适量车蜡,在车体上直线往复涂抹,不可把蜡液倒在车上乱涂或做圆圈式涂抹;一次作业要连续完成,不可涂涂停停;一般蜡层涂匀后5~10min用新毛巾、鹿皮或无纺布擦亮,对于快干车蜡则应边涂边擦边抛光。

(5)自检。

抛光结束后,要仔细检查,清除车牌、车灯、门边等处残存车蜡,防止产生腐蚀。

(6)清理现场。

打蜡结束后,设备及用品要做适当清洁处理妥善保存。

### 5 注意事项

要掌握好打蜡的频率,由于汽车行驶及停放环境不同,打蜡间隔时间不可按部就班,但可以用手擦拭车身漆面,若无光滑感,就应该进行再次打蜡。

洗车打蜡不可过度。洗车打蜡每月一次就可以了,过度进行反而会让车体亮度渐渐退去,如果一定要每周洗车,应选用去污力较中性的清洁剂与不含研磨剂成分的蜡。

漆面过热或在强烈阳光直射时不可打蜡。车表温度升高可使车蜡附着力下降,影响打蜡效果。如果打蜡场所不清洁,沙尘会在车身上附着,不但影响打蜡效果,而且极易产生划痕。

## 技能训练五 抛光

### 1 目的与要求

(1)了解抛光的所需用品。

(2)熟悉抛光的作业项目。

(3)掌握抛光的工艺流程和操作方法。

### 2 训练的主要内容

(1)抛光机的使用。

(2)尝试抛光操作。

### 3 训练前准备

(1)用品准备:抛光剂。

(2)设备准备:抛光机。

(3)车辆准备:准备一辆需要抛光的车辆。

### 4 操作步骤

汽车抛光就是汽车美容过程中,在打蜡、封釉或镀膜时先给汽车做一次抛光。因为封釉镀膜必须先经过抛光,而且是经过精细抛光的车子,才能做出镜面来。

1)抛光的作用

(1)消除发丝划痕。

①不论什么样的汽车都会有或大或小的伤痕。如果是不太醒目的伤痕,聪明的方法是不要去管它。

②车漆的擦伤,最好的修补方法是在伤痕部分填上与车身相同的镀膜剂。镀膜剂可涂数次,次数越多越干净,但要注意整个车身的均匀处理。

③车身如果只是很浅的刮伤表漆,用混合剂处理,擦拭方法为直线擦拭。伤痕消失后,用更细的混合剂擦拭之后再打蜡。

④较深的伤痕,如看不到金属面就不会生锈,可以涂上修饰漆。用笔尖一点一点地点上去,然后等漆完全干。

⑤很深但细长的伤痕,用彩色油灰修补。伤痕处用砂纸,不要将伤痕面扩大,将脏污清除干净。油灰仔细涂抹,使之完全进入内部。最后涂上混合剂、上蜡。

⑥凹陷处理是车身保养中最麻烦的工作,重要的是打好底子,若这一步做不好,涂装做得再好效果都不佳。喷漆时,用报纸遮好四周,使涂料不要向周围扩散。

⑦发现生锈后,不要放任不管,锈点会慢慢扩大。用砂纸擦净,或用使锈点变化的化学合成剂。

(2)消除轻微损伤。

对表层漆面轻微刮伤的车身,经检查未刮透面漆层。可采用下列修补工艺进行修复。

①清洗。首先要将漆面表层的上光蜡薄膜层、油膜及其他异物除掉,方法是采用脱蜡清洗剂对刮伤部位进行清洗,然后晾干。

②打磨。根据刮痕的大小和深度,选用适当的打磨材料,如1500号磨石,9um的磨片或美容泥对刮伤的表面层进行打磨。打磨一般采用人工作业,也可以用研磨/抛光机或打磨机进行打磨抛光。打磨时要注意不能磨穿漆面层,如漆面层被磨穿,透出中涂漆层,必须喷涂漆面进行补救。

③还原。经打磨抛光的漆面已基本清除浅度划痕,对打磨抛光作业中残留的一些发丝划痕、旋印等,可通过漆面还原进行处理。其方法是:用一小块无纺布将还原剂均匀涂抹于漆面,然后抛光至漆面层与原来的涂层颜色完全一致为止。

④上蜡。漆面还原后还应进行上蜡处理。其方法是:先将固体抛光蜡捣碎放入汽油中热溶后备用,修补部位用洁净的棉纱先蘸汽油润湿,再蘸蜡涂满后进行擦拭,要反复多次擦拭至漆面平整光亮为止。

在上蜡时,也可将汽车整个表面同时打蜡抛光一遍。方法是:用洁净的棉纱将蜡质全部擦净后,再涂上光蜡,至漆面清晰光泽显眼为准。最后用绒布均匀擦拭一遍即可。

⑤质检。上述工序完成后,对修补表面外观质量要进行检查,检查的重点是涂层的色泽必须与原漆面完全一样,若有差异说明表面清理和打蜡抛光没有完全按照要求操作,必要时应进行返工。

2)抛光正确要领

(1)保持正确的站立姿势和抛光机握姿。施工者应注意一重心两支点,以身体为重心施压,右手为施压点,左手为移动点。双脚叉开与肩同宽,右手正握抛光机手柄,左手扶握辅助手柄。身体放松。

(2)使用的压力均匀适度,过大容易损伤漆面,过小则效率太低。

(3)应将研磨机平放于漆面上,切不可倾斜。

(4)换用不同药剂一定要同时更换磨盘。

(5)抛光剂涂于待抛表面,不可涂于抛光机上,涂饰面积不可过大。

(6)及时洒水,最好是雾状喷洒。

3)抛光注意事项

(1)抛光盘要保持清洁,随抛随清理。

(2)新盘抛光要湿润,避免干抛。

(3)抛光随时要注意温度,特别是塑料件部分。

(4)不要在一个点停留太久,以免伤到底漆。

(5)研磨剂和抛光剂用量要适中,不要用太多。

(6)研磨剂和抛光剂要涂在抛光盘接触面中间。

(7)抛光遵循:分块施工,遵循从上而下,由左至右,缝凌遇逢换面。按井字形路线移动的原则。

(8)抛光盘与被抛面应小于30°的小倾角。

(9)每次抛光的面积不要超过50cm×50cm。

(10)抛光时眼睛要始终观察抛光后的效果,和即将抛光后的漆面状态。

## 技能训练六　新旧车封釉

### ❶ 目的与要求

(1)了解封釉的所需用品。

(2)熟悉封釉的作业项目。

(3)掌握封釉的工艺流程和操作方法。

### ❷ 训练的主要内容

(1)封釉产品的选用。

(2)尝试封釉操作方法。

### ❸ 训练前准备

(1)用品准备:封釉产品、封釉海绵、毛巾等。

(2)设备准备:专用封釉机。

(3)车辆准备:准备一辆需要封釉的车辆。

### ❹ 操作步骤

(1)新车封釉操作步骤。

①将清洗擦干的新车,放在无尘工作车间;

②将适量的封釉产品倒在车漆表面,用专用封釉机加封釉海绵,振动涂抹,直到封闭全车为止;

③封完后约20min,用专用毛巾擦净釉面,直至光亮为止;

④将除静电产品摇均匀后,拧上产品包装内所附带的专用喷头,然后进行喷涂,用专用的海绵进行均匀涂抹,最后用专用的纯棉毛巾擦净全车。

(2)旧车封釉操作步骤

①将清洗擦干的旧车,放在无尘工作车间;

②对车漆面进行氧化层和划痕处理,将汽车漆面抛光研磨;

③将适量的封釉产品倒在车漆表面,用专用封釉机加封釉海绵,振动涂抹,直到封闭全车为止;

④封完后约20min,用专用毛巾擦净釉面,直至光亮为止;如图4-26所示。

步骤1:洗车

步骤2:抛光

步骤3:封釉

步骤4:擦净

图4-26 封釉步骤

## 技能训练七 汽车外饰护理

**1 目的与要求**

(1)了解外饰护理的所需用品。

(2)熟悉外饰护理的作业项目。

(3)掌握外饰护理的工艺流程和操作方法。

**2 训练的主要内容**

(1)掌握外饰各个部件的护理方法。

(2)尝试外饰护理操作。

**3 训练前准备**

(1)用品准备:塑料清洗剂、亮光蜡、专用玻璃清洗剂、海绵等。

(2)车辆准备:准备一辆需要抛光的车辆。

**4 操作步骤**

1)塑料部件的美容护理

塑料部件如后视镜、保险杠、车门把手、车窗密封条等处于长期风吹日晒,极易褪色、老化甚至龟裂。对塑料部件的护理,可以提高使用寿命,起到保护作用。

2)汽车保险杠的清洁护理

(1)清洗。采用塑料清洗剂,对保险杠的表面进行彻底清洗,去除污物和油垢。

(2)选用亮光蜡进行美容护理。亮光蜡能在漆膜上形成保护膜,能阻止氧化及酸雨的侵蚀,光亮持久,品质稳定。

3)保险杠的维修翻新美容

(1)清洗。选用万用清洗剂,对保险杠漆膜进行清洗。

(2)对漆膜损伤部位进行修复,根据保险杠的材质,采用相应的漆膜修复工艺进行修复。

4)不锈钢、电镀件的美容护理

汽车外部有许多部件如防撞杆、保险杠、车标徽、发动机通风栅格、倒车镜架、车身装饰条、拉杆天线等采用不锈钢和电镀件,大大提高汽车的装饰效果。如图4-27所示。

其护理方法如下:

(1)采用不锈钢上光护理剂或镀铬抛光剂。对金属表面进行彻底清洗。

(2)使用美容黏土。当金属表面通过上光无法恢复原有光泽时,可使用美容黏土进行清洁护理。将黏土揉捏成零件表面的形状,配合使用专用全能水,在需清洁的零件表面反复擦拭,是金属氧化物、锈迹颗粒等卷入黏土中,直至金属表面光亮如新。

图4-27 保险杠护理

5)后视镜的清洁护理

后视镜由于暴露在外,容易粘到空气中的油污,一遇到雨水就模糊不清,严重影响行车安全。

目前市场针对后视镜开发出一种有驱水功能护理产品——拨雨剂,也叫雨滴除,它可神奇地将雨水变成小珠粒,即使在低速行驶下,行驶风力也可将雨水变成小雨珠一扫而空。具体用法:

(1)用专业玻璃清洗剂洗净且擦干玻璃表面,不能残留水分。

(2)取适量拨雨剂倒在干净海绵上,以画圆圈的方式将拨雨剂均匀涂抹在玻璃表面。

再用干净布将雾状表面擦拭,直到透明干净为止。

对于后视镜的背面处理,和漆面处理方式一样,先洗净,然后进行抛光处理。

## 思考与练习

### (一)填空题

1. 汽车清洗时机选择,按气候变化情况分_____、_____、_____等情况。
2. 汽车车身除雪最好用汽车专用_____。
3. 汽车所处的重污染环境有_____、_____等。
4. 汽车清洗的准备工作有:环境、人员、_____、_____等。
5. 电动洗车的分类:_____、_____。
6. 新车开蜡常用产品:_____、_____、_____。
7. 开蜡所需工具:橡胶手套、_____、_____、_____等。
8. 汽车漆面常见附着物:_____、_____、树胶等。
9. 打蜡的作用是:_____、_____、_____等。
10. 封釉的五步工序:_____、_____、_____、_____、_____。

### (二)判断题

1. 汽车外饰件主要有风窗玻璃、车窗玻璃、后视镜、车灯、轮毂、轮罩、保险杠与饰板等。（　　）
2. 外饰件美容主要包括玻璃的清洗与抛光、车灯的清洁与抛光、后视镜的清洁与护理、轮毂与轮罩的清洁与护理、保险杠及饰板等作业项目。（　　）
3. 清洁前应先将上面黏附的污迹、昆虫和沥青,用塑料或橡皮刀出去。（　　）
4. 轮胎美容包括清洁、增黑上光等作业。（　　）
5. 后视镜由于暴露在外,容易粘到空气中的油污,一遇到雨水就模糊不清,不影响行车安全。（　　）
6. 切记不能盲目使用洗洁精和肥皂水,因其中含有的氯化钠成分会侵蚀车身漆层、蜡膜和橡胶件,使车漆失去光泽、橡胶件老化。（　　）
7. 沥青去除剂误入眼睛后,要赶紧用清水洗脸15min以上,误饮药液的情况下,要立马就医。溅到皮肤或衣服时,用水冲洗干净。（　　）
8. 俗话说得好,"大树底下好乘凉",车主应该选择让爱车在树荫下纳凉,枝叶茂密几乎不透阳光,车子没有暴晒之忧。（　　）
9. 擦泡沫的顺序是:先用车身上部海绵从车顶开始,顺序擦后窗玻璃—侧窗玻璃—前风窗玻璃—发动机盖—车灯及前隔栅—页子板—车身腰线上部—行李舱盖—车尾灯。

(　　)

10.半自动洗车需要美容师人工操作洗车机的功能按钮。全自动洗车只要按下启动按钮,剩下的事由全自动洗车机自动完成。　　　　　　　　　　(　　)

(三)简答题

1.洗车的时机怎样掌握?

2.一般清洗流程是什么?

3.洗车的方法大体有几种?

4.新车开蜡的基本操作?

5.打蜡的注意事项是什么?

6.简述油脂封蜡开蜡程序。

7.漆面附着物有哪些?

8.简述车身沥青清洗步骤。

9.夏天停车应注意什么问题?

# 单元五　汽车内饰的清洁护理

 学习目标：

1. 掌握汽车车室清洁护理方法；
2. 了解内饰的清洁与护理；
3. 了解汽车内饰清洁时的注意事项；
4. 了解内饰护理小技巧；
5. 掌握发动机的清洁护理；
6. 了解行李舱的清洁护理。

 建议课时：

10课时。

## 课题一　汽车车室的清洁护理

### 一　车室清洁护理的必要性

现代车辆已越来越注重车身内部的装饰，特别是一些豪华的轿车，装备有结构复杂和昂贵的仪表、空调、音响、电视（VCD）、各类电控装置，以及丝绒或真皮座椅等，有如家居般的舒适。因此要创造一个良好的乘坐环境，保持车内的清洁和做好各项美容和护理工作已显得非常重要。

车厢内饰部分平时受外界油、尘、泥沙、吸烟、乘客汗渍及空调循环等不良因素的影响，使车厢内空气受染，内饰中的地毯、真皮或丝绒座椅、空调风口、行李舱等处，经常接触潮湿的空气和水渍，使丝绒发霉、真皮老化，甚至产生难闻的气味。还会滋生细菌，既影响身心健康又不利于驾驶心境。因此，汽车车室的清洁护理非常重要，一般每三个月应做一次全套室内专业护理。

## 二 常见的车室清洁护理方法

### 1 汽车车室污垢种类与形成过程

1）污垢的种类

汽车车室污垢主要有以下三种：

(1) 水溶性污垢有糠浆、果汁中的有机酸、盐、血液及黏附性的液体等。

(2) 非水溶性固体污垢有泥、沙、金属粉末、铁锈、虱虫等。

(3) 油脂性污垢有润滑油、漆类产品、油彩、沥青及食物油等。

2）污垢的形成过程

(1) 黏附：污垢会在重力作用下停落或黏附在物件的表面。当有压力或摩擦力产生时，污垢也会渗透物件的表层，变得难以去除，如汽车玻璃及仪表板上的灰尘。

(2) 渗透：饮料或污水会渗透物件的表面，被物件所吸收，以致很难清除。如车门内饰板、后挡台、脚垫上的饮料或血渍等。

(3) 凝结：黏性污垢变干凝固后，会紧紧粘贴在物件表面，如汽车内饰丝绒、脚垫或地毯表面的轻油类污垢。

### 2 去除污垢的方法

1）有效清洗污渍的方法

要想有效地清洗污渍，需要4个方面的相互配合，才能发挥最佳的清洁效果。

(1) 高温蒸汽。可以使极难去除的污垢，在清洗之前先软化，为手工清洁部件上的污渍做好准备。

(2) 水。用水可去除去水溶性污垢，但不能去除油脂性污垢。而且难以清洁触及不到的内部部件上的水溶性污垢。

(3) 清洁剂。能去除轻油脂及重油脂类污垢，帮助水分渗入内饰丝绒化纤制品。

(4) 动力。清洗车室内部件时，拍打、刷洗、挤压等皆有助于去除污垢。

2）清洗方法

清洗按照使用设备的不同可以分为机器清洗和手工清洗。

(1) 机器清洗。机器清洗最大的特点就是使用内饰蒸汽清洗机。配合多功能强力清洁剂。蒸汽清洗机可以清除内饰部件上很难清洗的污渍，利用温度极高的热蒸汽软化污渍。可用于丝绒、化纤、塑料、皮革等几乎所有车室部件的清洗。机器清洗操作起来比较方便省事，操作时应根据不同材料的部件选择不同的温度，以免损伤部件，并用半湿性毛巾包裹适合内饰结构的蒸汽喷头。

(2) 手工清洗。手工清洗要求配制合适的清洗剂。一般来说，清洗剂应使用负离子纯净水作为溶媒，采用PH值平衡配方。高效的去污配方主要由非离子活性剂、油脂性溶解剂、泡沫稳定剂和香料等组成，能迅速去除车室内饰表面的尘垢和各种污渍。

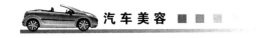

## 三 车室清洗护理工艺

车室的清洗护理是一项系统细致的护理作业，一定要遵循规范的操作程序。其基本步骤主要包括室内除尘、内饰的清洁与护理、车内消毒和喷空气清新剂三项。

### 1 室内除尘

除尘吸尘是车室清洗护理的第一步。汽车内饰最忌受潮，潮气会使内饰发霉、变质，并发出难闻的气味。因此室内除尘应避免采用水洗的方法。

专业的车内清洁步骤如下：

(1) 首先将车内的脚踏垫和杂物取出，抖去尘粒，倒掉烟灰。

(2) 对于汽车内的制动踏板等部件，可以用小牙刷或沾有清洗剂的抹布进行刷洗。要特别注意的是离合器踏板、制动踏板、加速踏板部分，要认真清扫，特别要清除上面的油脂类污垢，这对开车时防滑有很大好处。

(3) 用真空吸尘机进行细致吸尘，应遵循从高到低的原则。首先进行顶棚的除尘，然后依次是仪表板、座椅、车门内侧及行李舱。地板的吸尘要分二次操作，第一次吸掉沙粒，第二次更换带刷子的吸头，边刷边吸，主要吸掉灰尘。要特别注意地板拐角部位的尘垢，必要时应反复吸除至干净。

### 2 内饰清洁与护理

汽车内饰件除尘结束后，还应和外观一样，进行清洗，营造一个清新的车内环境。内饰清洁与护理的步骤如下：

1) 全车"桑拿"（选用）

内饰清洁与护理前可以用蒸汽机给汽车"蒸个桑拿"，以增加污物的活性，使之在清洁时容易从载体上分离。

具体方法是在蒸汽清洗机中放入适量清水，对车内除顶棚和仪表板外的部位（包括行李舱）进行桑拿，同时也可去除车内的异味。

2) 顶棚的清洁与护理

顶棚多为毛料或纤维绒布制成，因其位置特殊，黏附的油污不多。主要是由于车顶棚绒布具有吸附性，故其主要污染是吸附烟雾、粉尘及人体头部的油脂，这些污物如果不及时清除，在空气中水汽的作用下便黏附在顶棚上，难以清除。清除时，难以使用机器，只能人工操作。

对于化纤织物，应选用专用的化纤织物清洁剂，不能使用碱性较强的洗衣粉或洗洁净。因为这些碱性物质在清洁过程结束后，仍有一部分残留在织物内部，这部分碱性物质极易使化纤织物变黄、腐蚀。因此选用化纤织物清洁剂一定要慎重，在没有把握的情况下，最好先在车室隐蔽部位进行试用，确认不会使纤维变色或变质后，再进行大面积使用。

方法是：将化纤织物清洁剂喷到污垢处，稍停片刻，用干的洁净纯棉布或毛巾将顶棚中的丝绒清洁剂污液吸出，再从污迹边缘向中心进行擦拭。污垢严重时可多次重复以上操作，处理干净后用另一块干净的棉布顺着车顶的绒毛方向抹平，使其恢复本来的容貌。

**注意**：车顶棚内填充物是隔热吸音的材质，吸收水分的能力强，清洁时抹布一定要干一些，否则湿乎乎的抹布会使清洗剂浸湿车顶材料，以至很难干燥。

3）仪表板等塑胶件的清洁护理

仪表板与置物箱大多为塑胶制品，外表存在较多细条纹，其上沾染的成分简单，多为灰尘，容易清除。

清洁方法一般是先用湿毛巾擦拭，再使用专用塑胶护理上光剂处理。只需轻轻擦拭、清洁、上光便一次完成，即可得到一个干净光亮的表面。

如果个别部位积垢太多，无法清除时，可以喷洒塑料皮革清洁剂，然后用软毛刷刷除，再用沾有清水的毛巾擦拭，最后用麂皮吸去其上的水分。

仪表板清洁完成后可喷涂一层皮革（或塑料）保护剂，3~5min后再用绒布擦拭，即能起到很好的保护作用。最后喷涂能保持表面光亮，也不容易沾染灰尘并且容易擦拭。

**注意**：仪表盘部位在使用清洁剂擦拭时，动作要轻柔，避免划伤仪表盘。

转向盘多为酚醛树脂、ABS工程塑料制造，有些还附有人造革软化层，容易沾染油脂、汗脂、积聚各种污垢，应用塑料清洁剂清洁。如果转向盘外面包有外套，可先将外套拆下单独处理，转向盘外套的材料多为橡胶或橡塑件，可以用橡胶或塑料清洗剂清洗，再用清水冲洗，最后喷涂橡胶保护剂和光亮剂。

4）座椅的清洁护理

座椅的使用频率极高，沾有大量的人体汗渍、油渍和细菌，是车内清洁的重点。座椅的清洁护理应根据座椅的材质来确定。座椅一般有两种材质，一种是化纤织物，一种是人造革或真皮制品。不同的面料要使用不同的清洁剂清洁，否则不科学的清洁方法会给面料带来损害。另外，织物和皮革的颜色是通过吸收染料而形成的，有机染料会与某些清洁剂发生化学反应，出现褪色（氧化）现象。因此对某些牌子的清洁剂首次使用时，应先在座椅面料的不显眼地方进行试用，确认无褪色后，才能正式大面积使用。

（1）化纤织物座椅的清洁护理。

对于化纤织物，其特点是非常柔顺、色泽丰富以及乘坐舒适，但容易吸附烟尘和汗渍。因此这类座椅的清洁应注意三个问题：

首先是恢复座椅的本来面貌，除去表面及渗入内部的各类污物和油垢；

其次，要保持或恢复绒毛即纤维性材料本身的柔顺性，必须采用专用的清洁剂进行处理，绝对不可以用汽油、稀料或丙酮等清洁剂，更不能用碱性较强的洗衣粉或洗洁精。因为这些物质对绒毛制品的柔顺性、光亮度及颜色都有很大的影响。

最后要求清洁剂不能影响绒毛材料的颜色，防止清洗后出现颜色不一的情况。因此在选用化纤织物清洗剂时，应在车室座椅上隐蔽的部位进行试用，确认不会使织物变质、变色后再进行大面积使用。

化纤织物座椅的清洗分为机器与手工操作两种。

机器清洗是将化纤织物清洁剂装入电热式喷水/吸尘/吸水多功能清洗机中，并喷在座椅表面，对污物严重的地方可以重点喷涂，对于座椅表面则应使用小扒头来清洗，这种机器可以循环使用清洁剂,直至其吸收污物、油脂达到饱和后再更换。由于化纤织物清洁剂具有清洁、柔顺和着色三重功能,因此清洁护理可以一次完成。

手工清洗主要用来清洗小的缝隙(机器扒头难以接近、清洗的地方)。取一块洁净的干毛巾,使用小包装且带有喷头的化纤织物清洗剂喷到污处,停留 1~2min,使脏物充分溶解软化,然后将毛巾用力压在脏污处,挤出溶解了油垢、污物的液体,再从四周向中间仔细擦拭(或用毛刷刷洗),直到清除污迹。然后用干毛巾或麂皮吸干,对于特别重的污迹可多次重复上述过程。

**注意**:应根据织物的质地不同选择合适的清洁剂。清洁时要充分考虑织物纹理的变化和规律,一般采用纵横双向清洁效果较好。清洁结束后再用干毛巾顺着纤维织物的方向擦拭。

(2)人造革、真皮座椅的清洁护理。

人造革、真皮座椅的共同特点是其表面都有许多细纹,这些细纹内极易吸附许多脏物污垢,一般方法很难去除干净。用湿毛巾擦拭后,看起来似乎很干净,但其上积聚的油污等是无法擦掉的。而且人造革和真皮亦不可用水清洗,否则不但影响美观,而且会产生裂纹而影响使用寿命。因此,这类座椅必须使用专用的皮革清洁护理剂。

专用的皮革清洁护理剂具有清洁美容和保养护理功能,它们不但具有清洁、上光功能,还具有除静电、增强保护的功能。

对于较脏的皮革座椅,建议首先用化纤织物清洁剂进行预处理。因为有些污垢可能深藏在皮革表面,使用化纤织物清洁剂能有效润湿和充分分解油污,使下一步清洁工作更加彻底。

清洁护理方法是:首先将化纤织物清洁剂喷到座椅表面,稍停片刻,用软布仔细擦拭(擦拭时,不可将座椅弄得太湿,以免清洁剂顺着接缝渗入座椅内部),方法同处理化纤织物座椅一样,从四周向中间逐渐进行,再用一块干的软毛巾将其擦干;然后打开车门,使空气流通,晾干皮革上的水分;最后将真皮上光保护剂喷在打蜡海绵上,向打蜡一样,均匀涂在座椅表面,10min 后用干毛巾擦干作为最后的上光处理。

如果皮革座椅不太脏时,可以直接用真皮上光保护剂进行清洁上光。

**注意**:座椅清洁后喷涂保护剂和光亮剂是非常必要的。因为树脂型保护剂能在座椅的表面形成一层保护膜,可以免受污垢的直接侵蚀,并有耐磨、抗紫外线损害和易清洁等功效,保护剂对皮革还有防止龟裂的作用。喷涂光亮剂后能使座椅表面更加艳丽。

如果座椅上装有座位套和头枕套时,应取下用高效多功能洗衣机清洗。当整车美容和护理作业完成时,座椅套和头枕套的清洗和烘干工作也结束了。

5)门饰板的清洁护理

门饰板有化纤织物和皮革两类。

一般汽车的门饰板距离坐车人近,最容易弄脏,而且油污等较多,可采用与座椅清洁相同的方式进行。

6)安全带的清洗

拆下脏的安全带,用中性肥皂水或温水擦洗。不可选用染色剂或漂白剂作为清洗剂清洗,否则将降低安全带的强度。

清洗安全带时应注意:

安全带一定要保持清洁,如果安全带不干净,就会影响其效能的发挥。

卷带前,安全带必须完全干透。

不能用化学方法擦洗安全带,因为化学清洗剂会破坏织物。安全带不能与有腐蚀性的液体接触。

7)地毯和踏脚垫的清洁

地毯和踏脚垫多为纤维织物制作,对于不可拆卸的地毯,应用电热式喷水/吸尘/吸水多功能清洗机清洁,或用蒸汽机进行消毒处理,最后喷涂保护剂和光亮剂。

对于拆卸下的地毯或踏脚垫,取下后先用敲击法弹掉附着在其上的沙砾、碎屑,然后用空气清洁枪吹落灰尘。如果地毯很脏,去掉灰尘后,用泡沫清洗液或专用地毯清洗液清洗,并且用清水冲洗干净,再将它们折叠起来,放入专用脱水机内脱水后放回车内便可。

8)空调通风口的清洁

空调系统为司乘人员提供了舒适的乘坐环境。但汽车在行驶时,大量的灰尘污物会加入空调的进风口,吸附在风道内侧,在高湿的环境下,会滋生大量的细菌,危害人体健康。

对空调通风口清洁时,首先要搞清空调进出风口和进气滤网的位置(有的车型无进气滤网),清洁时,用真空吸尘机对各进出风口吸尘,然后取下进气滤网,拍去灰尘,用湿毛巾擦去进出风口的灰尘和污垢。空调系统的进出风口和控制面板材料多为硬质塑料,沾染的污垢简单,基本为粉尘沉降,由于空调通风口有栅格,建议清洁时使用海绵条蘸取塑料清洗剂处理,也可以用小的软毛刷配合进行仔细清洗。后排座椅上的控制面板由于较易沾染指膜、油脂和汗渍,应采用塑料清洗剂进行清洁,喷涂后用毛巾轻轻擦拭,但切勿用力过大,以免损坏电控开关和刮花面板上的饰件。

### 3 汽车内饰清洁时的注意事项

1)使用适当的清洁剂

清洁汽车不同材质的内饰部件时,最好使用专用于该物件或最相称的清洁剂。如用化纤织物清洁剂清洗丝绒纤维制成的座套、地毯等。

2)不能随意混合或加温使用内饰清洁用品

不同的内饰清洁用品混合后,可能产生有害物质,而某些化学成分混合后,可能会释放有毒气体。将清洁剂加温,如放入蒸汽清洗机内使用,也会产生有害气体。因此,除非产品包装上注明特别的混合比例或配合机械的使用方法,否则切勿随意混合或加温使用内饰清洁用品,以免发生化学反应,产生有害物质。

3)使用不熟悉的产品应先测试

对于首次使用的清洁剂,应先在待清洗部件的不显眼处进行测试。以防褪色或有其他损害。

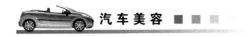

4) 正确保存清洁用品

注意正确地保存清洁剂,这样既保证产品充分发挥效能,更有助于防止产品过早变质。

**❹ 室内消毒和喷空气清新剂**

车内清洁后,复装地毯、踏脚垫、座椅套和头枕套,此时车内已经焕然一新。但仍然有许多看不见的细菌无法彻底清除。尤其是冬天,开车人一般很少开窗通风透气,车内积聚了大量细菌,即使经常打开车窗,保持车内空气流通清新,但对遗留在车内座椅、内饰、顶棚等处的细菌却无济于事,加之车内卫生死角较多,所以对车内进行彻底的消毒是很有必要的。

室内消毒一般是采用清水产生的高温蒸汽进行杀菌消毒。

首先将一定量的清水倒入蒸汽机中,接通电源,加热约30min,同时观察温度表和压力表的读数,当温度达到1400℃时,即可用产生的蒸汽对车内部件进行逐一消毒。

消毒时注意避免接触电器部分,整个过程大约需要一个小时。消毒完毕可以选择合适的香型,喷洒少量的空气清新剂,使乘坐环境更为舒适。

车辆完成车室清洁后,为了节约时间也可以用空气清新剂进行清新杀菌处理,净化室内空气。喷施方法:将发动机熄火,将空调设置在进风状态,向空调各出风口处喷施空气清新剂,连续喷10s;起动发动机,打开空调系统,将其设置为内循环和最大出风量,在各进风口处连续喷洒空气消毒剂10s进行杀菌去除异味,发动机持续运转5min,然后打开车门使空气流通,最后再喷洒空气清新剂。

**❺ 内饰护理小技巧**

内饰件常见顽固污迹的清除:

(1)霉。内饰件受污染未及时清洁导致霉变,对此进行清除时可用热肥皂水洗霉点,用冷水漂洗干净,再浸泡在盐水中,然后用专用清洗剂清洗擦干。

(2)口香糖。口香糖清除时可用冰块使其硬化,然后用钝刀片刮掉,最后用清洗剂清洁擦干即可。

(3)焦油。可先用冷水彻底刷洗,如难以去除干净,可用焦油去除专用清洗剂浸润一段时间,然后擦拭干净即可。

(4)黄油、机油等。用专用的油污去除剂,从污迹周边向中心清洗,当污迹已经洗掉时,用毛巾擦干。

(5)人造革裂口的修理。座椅、门边内衬等常使用人造革,在使用过程中,难免意外受伤,甚至出现裂口,对于这类破损,可采取以下方法进行修补:先用电吹风将裂口两边吹热,再将一块纤维布衬在裂口下面,并精心将裂口两边对齐,然后压平,最后将人造革修复液涂在修理部位上,待完全干后即可。

(6)地毯破损的修补。汽车内饰地毯常见的破损形式为烧痕及裂口。在这类破损处理时,先将损坏部分的毛边切除,另找一块地毯(或在座椅下不显眼处切下一块)作补片,用胶将补片沿损坏部位毛边切除处粘接上,再用毛刷理顺接缝即可。

## 课题二　汽车发动机室和行李舱的清洁护理

### 一　发动机室的清洁护理

**1　发动机外部清洗剂**

发动机外部油污较重,需用油脂清洗剂进行清洗,此类清洗剂大多称去油剂也称发动机外部清洗剂。发动机外部清洗剂一般呈碱性,能快速乳化分解去除油污,对机体没有腐蚀作用,且水溶性好,可以完全生物溶解,易用水冲洗,不留残留物,而且具有极强的去油功能。目前市场上的去油剂大致有三类:

(1)水质去油剂。该类产品具有安全、无害、成本适中等优点,但去油功能有限。

(2)石化溶剂型去油剂。该产品具有去油能力强、成本低等优点,但易燃、有害。

(3)天然溶剂型去油剂。该产品不仅去油功能强,且无害,但成本较高。

**2　发动机外部清洗常用的设备、工具和材料**

发动机室清洁的工作量虽然大,但项目较少,不需要进行复杂的拆装,故所用的设备、工具和材料也较为简单,主要有空气压缩机、高压洗车机、毛巾、海绵和毛刷、发动机外部清洗剂、蓄电池清洗剂、电池接线桩头保护剂、橡胶清洁剂和保护剂、清洁除锈剂等。

**3　发动机外部的清洁护理方法**

在清洗发动机外部时,应先将发动机熄火,使所有电器不工作,并使发动机室温度下降,千万不可在高温下清洗。

清洁方法和步骤如下:

(1)用塑料薄膜包裹电器元件。清洁前,必须用塑料薄膜将发动机的电器元件包裹起来。如熔断器盒、发电机、汽车控制主电脑、高压线圈等,以免清洁作业时沾上水渍,造成电器损伤。

(2)喷洒发动机外部清洗剂。首先摇晃发动机外部清洁剂使其混合均匀,然后将发动机外部清洗剂喷涂到整个发动机室及发动机外部各部件总成处,停留3~5min,以使污垢尽可能被吸附到泡沫中。细小部位需使用刷子刷,使脏物浮起。

(3)高压水冲洗。当清洁剂的泡沫开始消失时,用高压洗车机或喷水枪仔细冲洗。清洗时应使用散射水柱进行冲洗,务必彻底冲洗使清洁剂不残留。

(4)顽固油污的去除。对于发动机上残留的顽固附着污物,可将去污力较强的化油器清洗剂喷涂在干净的抹布上,并用这块抹布擦拭脏污处,擦抹干净后再喷涂发动机外部清洁剂,停留2~3min后再用水冲洗干净。

(5)清除锈蚀。金属生锈过程是一个缓慢的氧化过程。开始时,金属表面会出现一些细小的斑点,然后斑点逐渐扩大,颜色变深,形成片状或层状的锈蚀物,如不及时清除会影响机件的使用寿命。清除锈蚀应使用清洁除锈剂,方法是将除锈剂喷涂在锈蚀处,大约10min左右,再用硬毛刷刷洗,然后用软布擦干。

(6)清洁空气滤清器。目前汽车空气滤清器普遍采用纸质滤心,它安装在滤清器壳里,对吸入发动机的空气进行过滤,使用一段时间后会有大量的尘土、沙粒吸附在上面,降低了发动机的进气量。因此应定期清洁。清洁时,将纸质滤心从滤清器的壳里取出,用压缩空气(由内往外)将其吹干净即可。注意不可将其弄湿,更不能用水清洗。如果发现滤清器破裂必须及时更换。

(7)电器元件的清洁。发动机的电器元件必要时可以用电器元件专用清洁剂来清洁,作业中不要用水清洗,只需擦干或任其自然干燥。清洁后再使用多功能防腐润滑剂喷涂一遍,使电器元件的接插头具有抗潮、避水及润滑等多项保护功能。

(8)蓄电池的清洁。由于汽车行驶时的颠簸振动和发动机室温度的升高,蓄电池电解液常常会从加液口中溅出,电解液会腐蚀车架的底板和电池的安装支架,因此应定期检查清洁。清洁时,先将蓄电池从车上拆下,用蓄电池清洗液清洗。清洗时注意不要让清洗液从加液口流进蓄电池,破坏电解液的纯度。蓄电池极柱变旧会引起接触不良,因此清洗完毕安装时可在蓄电池极柱上涂抹一层保护剂或润滑脂防止极柱的氧化。

(9)流水槽的清洁。前风窗玻璃下方发动机盖与两前翼子板接合处的流水槽,大部分很脏,清洗时必须注意观察流水槽是否疏通并配合软毛刷刷洗,再用干净软布擦干。清洁干净后,可以喷涂橡胶清洁护理剂,防止橡胶老化。

(10)喷施发动机保护液。先用高压气体将发动机上所有的零部件、轴承孔、铰链及缝隙吹干,再将发动机保护液均匀喷涂在发动机壳上,线束或橡胶物件可用打蜡海绵蘸上橡胶护理剂擦拭加以保护。

## 二 行李舱的清洁护理

行李舱与车身内部极为相似,内饰多为绒布,清洁方法也基本相同。

清洗时,先取出行李舱内的备用胎、随车工具以及杂物和底板防护垫,拍去灰尘,用吸尘机吸去内部的灰尘、沙泥和污垢,然后用电热式喷水/吸尘/吸水多功能清洗机进行清洁。如果没有上述三合一清洗机时,可用湿毛巾进行擦拭,主要是去除灰尘,对于局部沾污严重的部位,则用化纤织物清洗剂进行清洁。清洁后,对丝绒内饰可再喷涂一层丝绒保护剂或丝绒光亮剂。对行李舱的密封条,可先用水洗清洁,然后用毛巾吸干水分,再上车蜡或橡胶保护剂。最后对整个行李舱喷洒消毒清新剂。最后复装备用胎、随车工具和杂物。

(1)污垢的形成过程:黏附、渗透、凝结。

(2)有效清洗污渍的方法:高温蒸汽、水、清洁剂、动力。

(3)车室的清洗护理的基本步骤主要包括:室内除尘、内饰的清洁与护理、车内消毒和喷空气清新剂三项。

(4)去除污垢的清洗方法:机器清洗、手工清洗。

(5)内饰清洁与护理的步骤:全车"桑拿"(选用)、顶棚的清洁与护理、仪表板等塑胶件的清洁护理、座椅的清洁护理、门饰板的清洁护理、安全带的清洗、地毯和踏脚垫的清洁、空调通风口的清洁。

(6)汽车内饰清洁时的注意事项:使用适当的清洁剂、不能随意混合或加温使用内饰清洁用品、使用不熟悉的产品应先测试、正确保存清洁用品。

(7)内饰件常见顽固污迹的清除:霉、口香糖、焦油、黄油和机油、人造革裂口的修理、地毯破损的修补。

(8)发动机外部清洗剂:水质去油剂、石化溶剂型去油剂、天然溶剂型去油剂。

(9)发动机外部清洁护理方法:塑料薄膜包裹电器元件、喷洒发动机外部清洗剂、高压水冲洗、顽固油污的去除、清除锈蚀、清洁空气滤清器、电器元件的清洁、蓄电池的清洁、流水槽的清洁、喷施发动机保护液。

## 技能训练一 人造革、真皮座椅的清洁护理

### 1 目的与要求

(1)知道人造革、真皮座椅的清洁护理所需用品和设备。

(2)明确人造革、真皮座椅的清洁护理作业项目。

(3)掌握人造革、真皮座椅的清洁护理工艺流程和操作方法。

### 2 训练的主要内容

(1)人造革、真皮座椅的清洁护理用品的选用。

(2)人造革、真皮座椅的清洁护理操作练习。

### 3 训练前准备

(1)用品准备:化纤织物清洁剂、真皮上光保护剂。

(2)设备准备:软布、软毛巾、海绵、小扒头。

(3)车辆准备:准备一辆有人造革或者真皮座椅的车辆。

### 4 操作步骤

(1)首先将化纤织物清洁剂喷到座椅表面。

(2)稍停片刻,用软布仔细擦拭(擦拭时,不可将座椅弄得太湿,以免清洁剂顺着接缝渗入座椅内部),从四周向中间逐渐进行,再用一块干的软毛巾将其擦干。

(3)然后打开车门,使空气流通,晾干皮革上的水分。

(4)最后将真皮上光保护剂喷在打蜡海绵上,向打蜡一样,均匀涂在座椅表面。

(5)10min后用干毛巾擦干作为最后的上光处理。

## 技能训练二 发动机室的清洁护理

### 1 目的与要求

(1)知道发动机室的清洁护理所需用品和设备。

(2)明确发动机室的清洁护理作业项目。

(3)掌握发动机室的清洁护理工艺流程和操作方法。

**❷ 训练的主要内容**

(1)发动机室的清洁护理用品的选用。

(2)发动机室的清洁护理操作练习。

**❸ 训练前准备**

(1)用品准备:发动机外部清洗剂、橡胶清洁剂和保护剂、清洁除锈剂、超能开蜡剂。

(2)设备准备:空气压缩机、高压洗车机、毛巾、海绵和毛刷。

(3)车辆准备:准备一辆待清洗的汽车。

**❹ 操作步骤**

(1)外表擦拭,除去大油渍。如果发动机表面有严重的油污、沥青或漏油现象时,可用超能开蜡剂喷涂于油污、沥青处,停留3~5min后,在用细小的刷子或干净的软布擦拭干净。

(2)用高压自来水清洗。再用自来水冲洗发动机时,应先用塑料袋将发动机上的电气设备,如发电机、分电器、高压线圈、熔丝等用塑料袋包裹起来,以防清洗时这些电气部件进水,造成损坏。另外,如果发动机空气滤清器通风口是朝外的,也必须用塑料袋包上或用毛巾堵住,以防进水,包裹稳定后,使用0.2~0.3MPa压力的自来水冲洗发动机外部及发动机车室处的灰尘、泥土和污渍(清洗过程中,发动机机体温度应低于50℃)。

(3)发动机外部用清洗剂清洗时,喷涂前先摇晃发动机外部清洗剂,并将其均匀地喷洒于发动机外部,15min后用清水冲洗。遇有顽渍,可配合使用小毛刷刷洗。

(4)清除锈渍。先完成发动机表面的清洁护理程序后,将锈斑去除剂喷涂在锈渍处,约等10min后,配合使用小毛刷或软布将锈渍轻轻除去,并用清水冲洗。然后用高压气体吹干发动机上的所有零件、轴承孔、铰链活动处及狭窄缝隙处的水分。

(5)给发动机外部上光。使用多功能发动机外部防护剂喷涂发动机外表面。

**(一)填空题**

1.污垢的形成过程:＿＿＿＿＿、＿＿＿＿＿、＿＿＿＿＿。

2.有效清洗污渍的方法:＿＿＿＿＿、＿＿＿＿＿、＿＿＿＿＿、＿＿＿＿＿。

3.汽车内饰清洁时的注意事项:＿＿＿＿＿、＿＿＿＿＿、＿＿＿＿＿、＿＿＿＿＿。

4.内饰件常见顽固污迹的清除:＿＿＿＿＿、＿＿＿＿＿、＿＿＿＿＿、＿＿＿＿＿。

5.发动机外部清洗剂:＿＿＿＿＿、＿＿＿＿＿。

6.发动机外部清洁护理方法：＿＿＿＿＿＿、＿＿＿＿＿＿、＿＿＿＿＿＿、＿＿＿＿＿＿、＿＿＿＿＿＿、＿＿＿＿＿＿、＿＿＿＿＿＿、＿＿＿＿＿＿、＿＿＿＿＿＿。

## （二）判断题

1. 水溶性污垢有糖浆、果汁中的有机酸、盐、血液及黏附性的液体等。（    ）

2. 蒸汽清洗机可以清除内饰部件上很难清洗的污渍，利用温度极高的热蒸汽软化污渍，但不可用于丝绒、化纤、塑料、皮革等几乎所有车室部件的清洗。（    ）

3. 对于汽车内的制动踏板等部件，可以用小牙刷或沾有清洗剂的抹布进行刷洗。（    ）

4. 仪表板等塑胶件的清洁护理方法一般是先用湿毛巾擦拭，再使用专用塑胶护理上光剂处理。（    ）

5. 不同的内饰清洁用品混合后，可能产生有害物质，而某些化学成分混合后，可能会释放有毒气体。（    ）

6. 在清洗发动机外部时，应先将发动机熄火，使所有电器不工作，并使发动机室温度下降，千万不可在高温下清洗。（    ）

7. 发动机的电器元件必要时可以用电器元件专用清洁剂来清洁，作业中不要用水清洗，只需擦干或任其自然干燥。（    ）

## （三）简答题

1. 化纤织物座椅清洁时应注意什么问题？
2. 简述内饰清洁与护理的步骤。
3. 发动机外部清洗常用的设备、工具和材料有哪些？
4. 简述行李舱的清洁护理步骤。

# 单元六　汽车车身漆面的美容

**学习目标：**

1. 了解汽车漆的组成,汽车漆面研磨、抛光与还原的概念、汽车漆面失光的原因以及汽车漆面划痕的类型;
2. 掌握车身漆面的分类和鉴别方法,汽车漆面的研磨、抛光与还原的具体方法,汽车漆面失光处理的方法;
3. 明确研磨与抛光用品的选用,掌握如何防止汽车漆面失光和汽车漆面浅度、中度和深度划痕处理的方法。

**建议课时：**

16 课时。

## 课题一　车身漆面美容护理基本常识

　　随着技术的发展,色彩鲜明且性能优良的轿车越来越多,汽车日常运行及停放绝大多数时间处于露天环境中,毫无遮掩地遭受风吹雨淋、日晒及酸雨等具有氧化性物质的侵蚀,使漆面逐渐粗糙失光,就会使汽车原有亮丽的外观大打折扣。另外,当汽车的车身漆面出现失光、划痕及破损时,由于这些缺陷有的已经超出了涂层的范围,伤及了金属基材,如果不及时进行漆面处理,就会使得基材金属产生腐蚀,导致漆面破损恶化,影响汽车的使用寿命。

　　这样的情况可以通过专业汽车美容师漆面处理施工使漆面焕然一新。

 车身漆面的基本常识

**① 汽车漆的组成**

（1）成膜物质。成膜物质是油漆的主体成分,其作用是使颜料保持明亮状态,使

之坚固耐久并能黏附在物体表面,是决定油漆类型的物质。一般由酸树脂、合成树脂类制成。常通过添加塑化剂和催化剂来改进它的耐久性、附着力、防蚀性耐磨性和韧性。

(2)颜料。颜料是油漆中两种不挥发物质之一,赋予面漆色彩和耐久性,同时使油漆具有遮盖力,并提高强度和附着力,改变光泽,改善流动性和涂装性能。

(3)溶剂。溶剂是油漆中的挥发成分,主要的作用是充分溶解漆膜中的树脂,使油漆正常涂抹。优质的溶剂能改变油漆的涂抹性能和漆膜特性,增强光泽,减小油漆网纹,从而减少抛光工作量,同时有助于更精确的配色。

(4)添加剂。有能加速干燥并能增强色泽的固化剂,有减缓干燥速度的缓凝剂,有减弱光泽的消光剂等。其在油漆中的比例不超过5%。

### ❷ 车身漆面的类型

1)根据车身漆面的形成条件划分

(1)原厂漆面。新车涂膜经过120℃高温烘烤,在涂膜干燥过程中经过熔融和二次流平,涂膜干固后具有镜面光泽,并且膜质坚硬、性能好、抗氧化、抗腐蚀能力高,性能稳定,色彩纯正。此外,用于新车在全自动化生产线上完成涂装,环境洁净,无粉尘污染,亦保证了车身漆面洁净无瑕疵。

(2)修补漆面。汽车原厂涂装漆面因意外碰撞受损后,为了恢复其外貌和装饰效果,采用压缩空气喷涂方法进行修补。因此修补漆面各项性能较原厂漆面差。此外,因修补部位、修补面积、修补涂料的选用以及技工操作水平的不同,修补漆面的质量或多或少存在差异、瑕疵。如果仔细观察,就可以发现修补漆面纹理不均匀,有压缩空气喷涂时喷雾落点留下的痕迹(严重者呈橘纹状),以及局部漆面可能存在的沙粒等。

2)按漆面劣化、损坏的程度划分

(1)新车漆面。新车下线之前必须进行漆面保护。目前只有少部分汽车在全车涂上保护蜡,这种车在出售后必须使用专业的开蜡水对车漆做开蜡处理后方能投入使用,而且需要定期进行汽车美容专业护理。否则不规范、非专业的洗车和打蜡不但省不了钱,反而会加速车漆的老化速度或者造成漆面受到意外伤害。大部分新车在下线后粘贴有保护膜,这类车无需开蜡,可以根据用户需要进行漆面清洗、打蜡护理或封釉护理。

(2)轻微损伤漆面。由于外界环境如紫外线、有害气体、酸雨、盐碱气候、制动盘与蹄片磨损产生的粉尘及马路粉尘等会对漆面形成氧化层,造成哑光或老化。这些轻微损伤通过专业的美容护理即可恢复汽车洁亮如新的效果。

(3)擦伤的漆面。擦伤的漆面是指对汽车漆面造成损伤,但这种损伤仅仅伤及漆面的外观,而车身钣金面未变形、漆面无刮花划痕。被擦伤的漆面经研磨后,可通过抛光处理来恢复原貌。

(4)划花的漆面。划花的漆面是指漆面不但被外物擦伤,而且划出的划痕深入漆面。划花的漆面可采用点修补或笔修补的方法先修补,然后抛光。对于划痕深且长,或大面积的划痕,则应采用其他修补方法进行处理。

(5)碰撞伤的漆面。该部分钣金面受损变形,需先进行钣金修复,然后作修补涂装。

(6)劣质老化的漆面。劣质老化的漆面是指漆面因材质等方面的原因,经日晒雨淋而出现发白、褪色或龟裂现象。这种漆面必须先清除,然后重新涂装。

3)根据车身面漆漆面的构成划分

(1)单膜漆面。新车涂装和修补涂装的漆膜构成相似,单膜漆面由里及外分为电泳底漆、中涂底漆和面漆三部分,其面漆只是由一种材质的涂料,按工艺规范分2~3次涂布,然后进行干燥处理而获得。通常素色(又称实色),即黑、白、红、黄、奶白、浅黄等不掺合闪光材料(如铝粉、云母等)的各色涂料,多采用单膜喷涂技术,也就是我们常说的普通漆,这种漆面主要用于经济型车辆。

(2)双膜或三膜漆面。金属底色面漆及珍珠幻彩面漆涂装成膜后,涂抹表面没有洁亮的光泽感,其表面还必须另外涂装透明清漆罩光,才能显出其幻彩的色彩效果。有的珍珠底色漆由于其遮盖力差,在喷涂之前,还必须先喷涂材质相同、颜色相称但遮盖力好的素色漆,故称"三膜"。这类漆膜的最外层是透明层,有如彩色相片烫压了一层透明塑料薄膜,既能保持色彩鲜艳持久,又能耐磨不变花,故保色保光亮性能明显优于单膜漆面,其美容作业的操作性和效果较佳。

### 3 汽车漆面的鉴别

汽车漆面性能与所采用的材质有关。新车采用高温烘烤,其漆膜光亮、坚硬,性能最佳;其次是双组分低温烤漆,最差的是挥发性单组分涂料,其漆面短则一周,长则不过一个月就要抛光一次才有光泽显现。

(1)目测法。如果车身外形线附近的表皮组织粗糙或漆面摩擦后出现抛光组织,则说明原车用的是抛光型油漆。

(2)溶剂法。取白碎步蘸满喷漆用的稀释剂后,擦拭漆膜,检视布团是否染上溶解后的颜色。如果漆膜溶解,并在布上留下印记,则是白干漆;如果漆膜没有溶解则可能是烤漆或双组分漆。有时可从外观上鉴别烤漆和双组分漆膜。

(3)加热法。用细水砂纸蘸水打磨旧漆膜,去除漆面光泽,然后加热到80℃以上,观察漆膜的变化,如钝化的表面重新出现光泽,则说明是丙烯酸喷漆。

(4)漆膜硬度法。各种油漆干燥后的漆膜硬度是不一样的,一般来说双组分漆和烤漆的硬度比自干漆高。可用不同硬度的铅笔芯对漆膜进行推压,如漆膜出现损伤,则涂膜硬度应降一级,如图6-1所示。

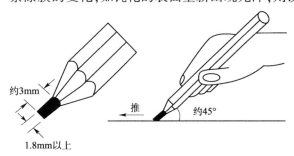

图6-1 硬度法鉴别汽车漆面

(5)硝化棉检定液法。将日本工业标准(JIS)规格的硝化棉检定液滴一滴在旧漆膜上,观察是否变色由于检定液中含有硫酸,具有危险性,所以自行配制硝化棉检定液,应注意安全。

#### ❹ 普通漆与透明漆的识别

1) 透明漆的特点

(1) 透明漆美观,光泽度很高。

(2) 透明漆护理得好坏,一般是通过"倒影线条"来反应的。

拿一张报纸,放在汽车漆前面,若能从透明漆反射的影中读报,说明此车的透明漆表层光滑如镜护理得好。而普通漆得不到这种效果。

(3) 透明漆比普通漆更易受到环境污染的侵蚀。

2) 普通漆与透明漆的识别有以下方法

(1) 目测。透明漆光泽的层次比普通漆要深。

(2) 试验。用湿布沾一点研磨剂在车身上不显眼处擦几下,布上若有颜色,则是普通漆;反之,则是透明漆。汽车漆面美容护理作业中,如果对漆面不易识别,可以按金属漆面对待。

## 二 车身漆面美容护理分类

在汽车美容业中,漆面美容主要分修复美容、护理美容及翻新美容三类。

#### ❶ 修复美容

汽车修复美容是指对喷漆后的漆面问题的处理。在没有专用喷烤设备的车间喷漆,或者有喷漆房,但喷房的通风净化不洁净的情况下,过滤系统会失效或喷漆房内的空气压差不稳。用于喷漆的压缩空气就会或大或小,致使修补漆的接口边缘出现流挂、尘埃、橘皮和干喷等现象。这些现象需经修复才能达到高质量的漆面效果。一般的修复工艺是先磨平再抛光。

#### ❷ 护理美容

护理美容是指汽车在正常使用中进行护理。目的是保护漆膜使漆面光泽持久,避免粗糙、失去弹性和光泽。汽车漆膜护理美容的施工工艺为先车身清洗再打蜡上光。

#### ❸ 翻新美容

漆面翻新美容是指受污染的漆面造成粗糙失光不须喷漆,经过翻新美容后就能达到原来的效果。

旧车漆面翻新美容的施工工艺为:车身清洗→漆面研磨→漆面还原→打蜡上光或漆面封釉。

## 三 汽车漆受损常见的几种情况

由于车漆是以树脂为主要成分的有机化合物,它具有燃点低、易氧化、易挥发等特性。自然界中有很多物质都能对它造成极大的损害,诸如自然氧化、水垢、洗车、鸟(虫)粪便、铁粉、酸雨、树液、不当护理等,都能破坏其装饰效果和降低防护性能,严重的会造成漆面龟裂,难以修复。

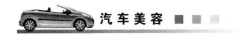

### ❶ 氧化危害

危害程度——严重。

车漆都是由有机成分构成的,有机物天生存在着氧化特性,时间一久车漆自身就会自然而然的发生氧化,车漆就会色彩暗淡、失去光彩,没有新漆时光亮、漂亮,俗称车漆的劣化现象。

### ❷ 水垢危害

危害程度——中等。

通常洗车都是用自来水或井水。这些水中含有的大量的钙、铁等离子,如果洗车后未能及时将洗车水完全擦干,水分蒸发后,洗车水中的钙、铁等成分就会残留在车漆上,这些残留物如果不及时擦干净,会形成很坚硬的斑点,俗称"漆面结石"。形成"漆面结石"必须用研磨剂或抛光剂轻轻磨去,这样必然造成车漆磨损。

### ❸ 划痕危害

危害程度——中等。

汽车在行驶过程中,因为速度较快,浮尘中的砂粒就会在车漆上划出一些细微划痕。同样,在洗车时,漆面的一些砂粒等会随着洗车海绵在漆面上的摩擦,使车漆产生划痕。细微的划痕一多,就会引起车漆颜色的失光、变暗。同时,车漆的划痕还容易残留污物、酸雨,加速车漆的氧化进程,使车漆更容易变旧。

### ❹ 鸟、虫粪便危害

危害程度——严重。

鸟、虫到处飞行,其粪便很容易落到车漆上,虽然它侵蚀车漆的面积比较小,但由于它具有很强的酸性,会使车漆完全融化,轻者使车漆变色成斑点,严重时车漆就会出现膨胀、龟裂。

### ❺ 铁粉危害

危害程度——严重。

在工厂附近,尤其是铁路、公路旁的空气中,存在着大量的金属粉尘(俗称铁粉)。汽车停止时,空气中的铁粉会浮落在车漆表面,浮在漆面上的铁粉能够清洗。汽车行驶时,因前进冲力的作用,铁粉会直接刺入漆面。刺入漆面的铁粉用平常洗车方法无法去除(用铁粉除去剂可以去除)。由于铁的分子结构不稳定,很容易被氧化,它会与漆发生氧化共鸣(同时发生化学反应),在诸多侵蚀车漆的有害物质中,对车漆的腐蚀都从外面往里慢慢进行的,唯独铁粉因能够刺入漆面,形成的是从外到里、从里到外的快速腐蚀。所以铁粉对车漆造成的侵害是非常严重的。

### ❻ 酸雨危害

危害程度——严重。

酸雨(雾、雪)有较强的氧化性。它能与漆分子中所有成分发生化学反应,从而破坏漆的结构,大大降低车漆装饰效果和防护能力。汽车漆面由于酸雨氧化而造成的表面不光滑,甚至出现微小的斑点,再次降雨或洗车时,水滴就会在此停留,会进一步造成更加严重的侵害。被酸雨损害的漆面无法恢复到新车状态,即使研磨抛光也无法根除酸雨的破坏。

**7 树胶危害**

危害程度——严重。

春、夏、秋三季树木会不停产生分泌物,就是我们通常所说的树胶。车停在树下,必然会有树胶落在漆面上,趁不干的时候还能洗掉,时间一长,树胶凝固在车漆表面无法洗掉,由于它具有很强的酸性,能够对车漆造成很强的侵害,一般的会产生陷坑,严重时还会造成车漆龟裂,一旦出现陷坑和龟裂就很难修复了。

**8 不当护理危害**

危害程度——严重。

现在的汽车用漆质量都比较过关,正常情况下,约在新车出厂后的半年左右才会氧化变色,但由于护理不当会使车漆在很短时间内(2~3个月)氧化褪色。

对车漆护理都是出于好的愿望,只是因选择了错误的产品和方法,造成了适得其反的效果,不是护理车漆,而是破坏车漆。

不当护理大致有三种:一是使用了易氧化产品(所有含油脂成分的产品,自身都会氧化),都会对车漆造成损害;二是经常性的抛光研磨(包括纯粹抛光研磨和打蜡、封釉时的研磨),会使漆面越来越薄,最终丧失装饰效果和防护能力;三是干擦车漆表面的灰尘,很多车主习惯,漆面浮尘一多,就用毛巾或毯子擦拭,那样会带动漆面上的砂粒划伤车漆。

## 四 漆面美容的主要内容

漆面美容的内容有漆面失光的处理、漆面划痕的处理和汽车凹陷修复三项内容。

**1 漆面失光的处理**

(1)自然氧化不严重或浅划痕导致的失光处理方法。自然氧化导致的失光,漆面无明显划痕。用放大镜观察漆面斑点较小。由于上述原因导致的漆面失光,通常可采用漆面翻新美容的方法进行处理。

(2)自然氧化严重或透镜效应严重引起的失光。用放大镜仔细观察漆面,若发现漆面有较多的斑点,则说明漆面受侵蚀严重。由于上述原因导致的漆面失光,要求进行重新涂装翻新施工。

**2 漆面划痕的处理**

(1)浅划痕——仅伤及表层的清漆透明层,对面漆的危害不大。浅划痕的处理可以通过研磨、抛光的方法进行修复。

(2)深划痕——划痕伤及面漆层甚至金属层。目前深划痕的基本修复方法主要有漆笔修复法、喷漆法和电脑调漆喷涂法。

(3)创伤划痕——金属层受到严重伤害的划痕。这种划痕较严重无法用研磨的方法修复,一般需要通过补漆的方法修复。

综上所述:对漆面美容的目的有两个,一是去划痕和氧化物;二是恢复漆面原有的亮度,达到镜面效果。因此要根据漆面的实际情况,选择不同的施工方法,用最好、最有效、最简单的方法,达到上述两个目的。对较难处理的漆面状况应仔细分析,采用最恰当的方式先试行再处理,切不可鲁莽行事。下面通过介绍汽车漆面美容护理中研磨、抛光与还原三个主要作业项目的步骤,进而进一步分析漆面失光与划痕处理的处理方法。

### 3 汽车凹陷修复

汽车凹陷修复是指采用先进的工艺设备和技术,根据光的反射、杠杆的作用,利用凹陷整平工具,对汽车表面不脱落、未掉底漆的凹陷,不用钣金、刮腻子、烤漆等传统工序,直接对局部进行技术处理和快速修复。

汽车凹陷修复技术可以实现仅从外部处理凹陷,不必对护板以及其他车身部件进行拆装,保持车身原始状态,固定件不必更换,节省工作时间等特点。修复后无论是车漆的颜色、光洁度还是车体钢板的硬度、强度、韧性、耐久性等全都符合技术参数的要求。

## 课题二 研磨、抛光与还原

研磨、抛光与还原是车身漆面美容护理的主要内容,它们可以有效地去除浅划痕,恢复整车漆膜亮丽的色彩,但是建议不要经常使用。因为每次有浅划痕时都进行研磨抛光处理,势必会造成漆膜越磨越薄。若将漆层磨穿就只能靠重新涂装来补救,费用太大。对于局部的划痕处理,可以通过局部的研磨抛光即只对划痕及其周围进行处理,这样做对整车漆膜影响不大。

下面详细介绍汽车漆面美容护理中的研磨、抛光与还原。

### 一 研磨

研磨是使用研具和研磨剂从工件表面上去除一层极薄的金属,使工件达到精确的尺寸、准确的几何形状和很小的表面粗糙度。加工精度可达 IT5～IT01,表面粗糙度可达 $Ra0.63～0.01\mu m$。这种加工方法称为研磨。

漆面研磨是通过研磨/抛光机,并配合研磨剂在车身漆面高速旋转产生摩擦,以去除漆面氧化层、轻微划痕等缺陷所进行的作业。研磨是漆面轻微缺陷修复的第一步,要求使用专用的研磨剂,用研磨/抛光机作业。

#### 1 研磨剂

漆面研磨剂是一种含有摩擦材料的研磨用品。研磨剂如图 6-2 所示。

研磨剂按使用范围不同分为普通型研磨剂和通用型研磨剂。

(1)普通型研磨剂。主要用于治理普通漆不同程度的氧化、划痕、褪色等漆膜缺陷。普通品牌磨料一般都是坚固的浮岩,不适合透明漆的

图6-2 研磨剂示意图

研磨。

(2)通用型研磨剂。对普通漆和透明漆均可使用,该研磨剂中的磨料为微晶体颗粒和合成磨料,具有一定的切割能力,但不像浮岩那样坚硬。

研磨剂按切割方式不同分为物理切割方式的研磨剂、化学切割方式的研磨剂和多种切割方式的研磨剂。

(1)物理切割方式。有浮岩型、陶土型、硅土型研磨剂。主要特点:磨料坚硬,切割速度快,但操作过程中颗粒体积不会因切割的速度而发生变化,如果操作人员对漆膜厚度不了解,手法不熟练,就很容易磨穿漆层,所以只适合于操作十分熟练的专业人员使用。

(2)化学切割方式。有微晶型研磨剂主要特点:可通过摩擦产生的热量逐步化解微晶体颗粒,使其体积在操作过程中逐步变小,产生极热高温而去除氧化层,同时溶解表面漆层凸出的部分,填平凹处的针眼。

(3)多种切割方式。多种切割方式的研磨剂(MOC)产品主要是中性研磨剂。中性研磨剂内含硅土及微晶体两种切割材料,既有物理切割作用,又有化学溶解填补功能。中性研磨剂适合各类汽车漆面,而且便于操作,速度快,研磨力度小。中性研磨剂是目前市场上最佳的漆面护理研磨材料,一般由酸树脂、合成树脂类制成。常通过添加塑化剂和催化剂来改进它的耐久性、附着力、防蚀性耐磨性和韧性。

**❷ 研磨设备**

(1)研磨机的种类。研磨机按功能分为单功能型研磨机和双功能型研磨机。研磨机按转速是否可调分为调速研磨机和定速研磨机。

(2)研磨/抛光机主要由机体、电动机、托盘、手柄、开关及配套装置组成,如图6-3所示。

图6-3 研磨机和研磨盘示意图

(3)研磨机的工作原理。研磨/抛光机上的电动机带动研磨盘高速旋转,由于海绵(或羊毛)和研磨剂的共同作用,在漆表面产生摩擦,从而达到清除漆面污染、浅划痕和氧化层的目的,并提高光亮度。

**❸ 研磨步骤**

(1)清洗车辆。研磨前用脱蜡洗车液将车洗净、擦干。

(2)研磨盘的选择与安装。根据所要处理漆面的状况选择合适的研磨剂和抛光盘。目前漆面美容护理产品很多,有些生产厂家根据各自产品的特点还配有专门的研磨/抛光盘,因此抛光盘的选用要依据漆面状况、所选用的研磨剂及厂家对抛光盘的分类。一般若不很熟练,可选用细一些的抛光盘试抛,如果处理效果不明显,再改用粗一些、研磨能力强、功效大的抛光盘。

(3)准备研磨机。将海绵研磨盘浸湿,安装在研磨机上,空转5s,将多余水分甩净。

(4)涂研磨剂。取研磨剂充分摇晃均匀,在漆面上涂上一条薄薄的、断断续续的研磨剂。

(5)研磨。将研磨机转速调整到 1400~1800r/min,启动研磨机,保持研磨盘与漆面基本平行,沿车身方向直线来回移动。研磨时,为避免由于摩擦升温过高使研磨盘胶化或损坏漆面,应不断向研磨部位喷洁净清水,保持研磨盘湿润,降低研磨表面温度。

(6)清洗并验收。漆面研磨后,应用清水对整个车身进行清洗并擦干,彻底洗去残余研磨剂。最后,对研磨效果进行检查验收。

怎样鉴别研磨作业是否完成?

首先观察漆面状况,当漆面被充分研磨后,油漆表面会呈现出规律性一致的圈痕(旋纹)而不是直线的划痕;其次漆面没有明显的光泽度。当检查确认漆面没有直线的划痕后,研磨过程完毕。

## 二 抛光

抛光是汽车美容技术中最为主要的组成部分。一辆汽车能保养得新、光、滑、亮都源于抛光施工。抛光能够消除漆面细微划痕,治理汽车漆面损伤及各种斑迹,达到光亮无瑕的漆面效果。抛光技术的高低直接关系到汽车美容的最终效果。

漆面抛光是紧接着研磨的第二道工序,车漆表面经研磨后会留下细微的打磨痕迹,漆面抛光就是去除这些痕迹所进行的作业。

### 1 抛光用品和设备

抛光剂其实也是一种研磨剂,是一种含颗粒更细的摩擦材料的研磨剂。抛光剂如图6-4所示。

图6-4 抛光剂示意图

抛光设备和研磨设备一样,主要采用研磨/抛光机。抛光机有立式抛光机和卧式抛光机,如图6-5所示。

a)卧式抛光机

b)立式抛光机

图6-5 抛光机示意图

**❷ 抛光的作用**

抛光主要有以下三方面的作用:
(1)清除研磨留下的细微划痕。
(2)消除漆面细微划痕(发丝划痕)。
(3)处理汽车漆面轻微损伤及各种斑迹,进而达到光亮无瑕的漆面效果。

**注意**:漆面研磨后必须要抛光。

**❸ 抛光的方法**

1)抛光机的运用之平面抛光

(1)插上电源。检查抛光机的运作是否正常。

(2)装好托盘。装上托盘要注意事先拧紧螺牙后,才能启动抛光机开关,否则托盘会被卡死。

(3)装上抛光盘。抛光盘的粘扣和托盘要粘紧,托盘要平行放在抛光盘的中心位置,以免在抛光过程中盘飞出去盘划伤车漆或伤到人。

(4)把抛光机的线往肩膀上绕过去,以免线被抛光机缠住伤到人和车。

(5)抛光机使用的技巧。先学会走直线然后随心所欲控制抛光机的运作,不能被抛光机所带动。手不能太僵硬,左手:作为牵引;右手:控制抛光机的平衡度和控制开关。手势左手:四指在下,大拇指在上抓住抛光机手柄尾端。如抛光机向左前行,左手起到牵引的作用,抛光机向右前行,利用左手手腕作为受力点,进行推动抛光机的运行。

(6)吃蜡。抛光机吃蜡时,盘的前半部要微微翘起,把蜡吸到盘的中间部分,以免甩蜡。然后放平抛光盘,均匀地把蜡涂在漆面上,才能施工,否则干摩擦会出现更多的网纹。(左手要托起抛光机缓慢地拉动抛光机向左前行,把蜡吸到盘的中心位置)

(7)均匀涂蜡。蜡吃完后,放平抛光盘与漆面紧贴着,盘始终要与漆面保持平衡状态,不能翘盘,把蜡均匀涂于车表,施工面积不宜过大,以直线的方式在漆面上来回往复。

(8)清洁器的使用。羊毛盘使用多大的面积要清洁羊毛盘,这是至关重要的问题,面积使用过大会给漆面带来网纹,一般情况下,抛光盘每抛一个部位都要清洁一次,以免抛光盘上卡太多的残蜡(残蜡干掉后,变硬、对车漆产生二次伤害)。使用新的羊毛盘时,应先用羊毛清洁器捋顺羊毛,把羊绒去除干净,以免羊绒漫天飞。

(9)拆掉抛光盘。拆卸抛光盘时,左手抓住托盘,右手用力撕掉抛光盘,不能直接用手撕掉抛光盘,否则很容易撕坏托盘上的魔术粘扣或使托盘上的支撑点的塑料胶块脱胶。

(10)抛光盘的清洗。在抛光盘的表面喷上清洗剂,用手戳一下,用干净的清水洗净即可,不可用水枪冲,更不能用甩干机甩。以上两种情况都会使抛光盘变形,缩短它的使用寿命。

盘的甩干法:把湿的抛光盘装在抛光机上,抛光盘在负重的情况下,按一下抛光机的开关然后放开,让大量的水甩出,最后用低转速把盘上的水甩干(一开始用快转速,很容易使魔术粘损坏)。

2)抛光机的运用之斜面抛光

(1)对小斜面的抛光。采用点抛的方式,按一下开关让它滑行,开关也不要点得太频繁,这样很容易弄坏调速器。

(2)不能用抛光盘的边缘抛光。盘的边缘没有受力点,没有托盘的压力下,不仅去除不了划痕反而会带来网纹。

(3)对小斜面施工抛光盘无法进入时,不管要施工的面积有多大,始终要保持一种信念,抛光盘与漆面要保持平衡紧贴漆面。托盘至少压住漆面的三分之一的面积,才有受力点,有了受力点才能去除漆面的缺陷。(如果漆面过于小,特殊情况特殊处理,用抛光机的前角来回往复抛亮即可)如:前照灯的边缘,前保险杠的下方或中网下的细长漆面。

(4)凸肩处的施工。所谓凸肩就是两个面的交汇处突起的部分,一般在车漆表面起到一种美观的作用,但是给我们的施工带来不小的麻烦。漆面的交汇处漆的结合力差,也是漆面最薄弱的地方,很容易被抛穿,所以在抛光的过程中要按顺序施工,从一个面到另一面转变(这个面施工完毕后在施工下一个面),凸肩处一定要避开。

(5)后视镜的抛法。后视镜的材质为塑料,塑料与漆的结合力不强,很容易脱落,在加上(如日系车没喷底漆)黏在塑料表面的漆很薄,不能承受外力的重压,施工时,左手要托起抛光机轻轻与漆面接触,不能重压,抛光的时间也不能太长,很容易引发烧焦。

(6)拉手处与车裙的施工方法。拉手处:面积小侧身斜拉的抛光方式,不要刮碰到拉手,侧身时眼睛要跟在抛光机的边缘,以免刮伤其他地方。

车裙处:在门板的下方,一般车辆都带有弧度,施工难度较大,同样也要采用侧身斜拉的方式操作。

施工方法:以一个门板的宽度为列,向右施工时,以伸长双臂为标准,抛光机的拉手向上直线往复。

(7)前窗玻璃的侧柱。面积较小,成弧形,一般情况下划痕和网纹较少,以提高亮度为准则,摩擦力度要小,施工时间较短,施工时,人站在后视镜的前面,侧身拉动抛光机。

(8)侧面抛光的要点。侧面施工时,人与车要保持适当的距离,不要站得太近,也不要站得太远,太近和太远都无法看清施工的情况,以臂长为标准,刚好可伸缩双手为佳。

(9)抛光时的要领。施工时,先要确定施工面积,面积过大,会导致无蜡施工,同样会给车漆带来网纹。弧度拉得太长,导致蜡干掉,干掉的蜡变成硬的颗粒,也会损伤车漆,造成施工效果不明显,浪费时间和材料。最佳的施工方法就是:先把蜡涂均匀,要施工的面积内都要涂到位,涂均匀。

3)怎样鉴别抛光作业是否完成

一是观察漆面状况:经过充分抛光的油漆表面不能留有研磨后遗留的圈痕与划痕;二是漆面光泽度非常好,圈纹很重。当检查确认漆面没有遗留研磨后的圈痕与划痕,抛光过程完毕。

#### ❹ 研磨/抛光注意事项

研磨/抛光时的注意事项如下:

(1)抛光剂不可涂在抛光盘上,应断断续续涂薄薄一条在待处理的漆面部位。不能涂得太多太厚,以免抛光剂未及时使用出现干燥现象。

(2)抛光时做到边看漆面边看划痕边抛光。抛光机应分块有顺序地在漆面上移动,单位面积由上至下、由右向左、来回重叠二分之一移动抛光机。抛光机的移动速度,开始时慢、收尾时快。抛光时要掌握好轻重缓急,棱角边处、漆面瑕疵多的地方用力要重而缓慢,来回抛光速度要快。

(3)欧美汽车的面漆涂层一般比较厚,而日本、韩国以及国产车的面漆涂层一般较薄。在抛光时要注意把握好分寸,千万别抛塌面漆。

(4)抛光作业可以手工完成。在手工抛光时应注意抛光运动路线,不可胡乱刮擦或作环形运动,应该以车身纵向平行线为准往复运动。

(5)使用抛光机前先检查抛光机转速、抛光轮是否与托盘黏结牢固、螺丝是否上紧、是否对在中心位置。使用抛光轮前先确认是否干净,否则可用风枪等吹刷清洁抛光轮。

(6)按规定转速抛光。遇边角线时,抛光轮的切线必须对齐边角线,抛光轮不能压在边角线上,并点动抛光(边角线漆薄最易抛穿);抛光研磨时,遇有材料结块、结点抛不干净的情况,不可硬抛,可用同种研磨料配合干毛巾擦去再抛;所抛部分应把材料抛干净,尽可能不留下研磨材料在漆面。

## 三 还原

当整车漆面处理完毕后,漆面会很平滑、光亮,但有时会有一些极其细小的划痕和花痕或光环,为了保持该面的平滑和光亮,则必须进行还原处理。

漆面还原是研磨、抛光之后的第三道工序,它是通过还原剂将车漆表面还原到"新车"般的状况。因此还原也称为镜面处理。还原要求使用专用的还原剂,用研磨/抛光机作业。

#### ❶ 还原剂

还原剂也叫"密封剂",是在蜡和漆中间起一个绝缘的作用,以确保打蜡后的保质期,确保车漆避免空气中的污染物侵蚀。还原剂如图6-6所示。

还原剂的特点:

(1)还原剂实际上是一种集抛光和打蜡为一体的三合一产品,因此可以缩短工作时间。

（2）还原剂是上蜡前的最后一道工序,可以进一步完善抛光的效果。

（3）还原剂虽然有上蜡的效果,但一般保持的时间不长,要取得长久保持的效果,还需再加一层高质量的蜡。

还原剂分为增光剂和还原剂两种。还原剂以"消除最后的划痕,把车漆还原到新车"状况为主。增光剂是在还原剂的基础上具有增光作用,两者都能起到密封的作用。

图6-6　还原剂示意图

### ❷ 漆面还原的方法

漆面还原具体操作方法与研磨、抛光施工基本相同,应注意正确选择抛光盘和还原剂。还原作业时抛光机先用低速1800r/min将还原剂均匀涂布,再将转速调整在2200r/min左右,使抛光机的海绵轮保持与漆面相切,力度适中,速度保持一定对漆面进行还原处理。

怎样辨别还原作业是否完成？

首先观察漆面状况,经过充分还原施工的油漆表面不能留有抛光后遗留的圈纹或眩光；其次漆面光泽度达到镜面效果。当检查确认漆面光泽度达到镜面效果,则还原施工完毕。

## 课题三　漆面失光处理

汽车在使用过程中,要受到风吹、日晒、雨淋及空气中有害物质的侵蚀,致使漆面逐渐失去原有光泽。在汽车美容作业中可以采用特殊处理工艺与方法、配合专门的护理品,去除失光,再现漆面亮丽风采。

### 一　汽车漆面失光的原因

#### ❶ 自然老化

汽车在使用过程中,风沙尘土的吹打、雨雪季泥水的冲击、沥青路面飞溅起的沥青、树胶、虫屎、鸟粪和油污、汽车车漆长期与空气、酸雨以及阳光中的紫外线等直接接触,更由于国内的汽车大多数停放在室外,因此受到的侵蚀更加严重。同时漆面是一个永不干燥的漆膜,它总是通过不停地向空气中蒸发油分来达到保护自身的作用,时间长了会使漆面的油分过分失去,漆面亮度和深度都大大降低,使漆面慢慢发白。漆面失光如图6-7所示。

**❷ 日常保养不当**

(1)洗车不当。洗车时选用的水源、清洗剂种类及冲洗水压的高低都可能成为漆面失光的诱发因素。因此,洗车时应使用清洁的水源和专业清洗液,冲洗车身的水压也不宜过高。

图6-7 漆面失光示意图

(2)擦车不当。因为车表浮尘中含有许多硬质颗粒,在擦拭时形成磨料,易导致漆面出现划伤。正确的方法是先冲洗,再擦拭。

(3)不注重日常打蜡保护。车蜡都具备抗高温、防紫外线、防酸雨等功能,不打蜡或打蜡不及时都会使漆面受到侵蚀。因此应按不同车蜡及汽车行驶环境的要求,及时上蜡以对漆面进行保护。

(4)暴露环境恶劣。为避免汽车在行驶及停放时受恶劣环境的影响,应采取必要的保护措施,例如,给汽车打蜡、长时间停放时罩上车套或选择合适的库房等。

(5)交通膜。汽车运行时形成的交通膜会使漆面失光。为了避免和减少交通膜的形成可采用打蜡和加装汽车防静电装置的方法予以解决。

**❸ 透镜效应**

所谓的透镜效应是指当汽车表面上存有小水滴时,由于水滴呈扁平凸透镜状,在阳光的照射下,对日光有聚焦作用,焦点处的温度高达 $800 \sim 1000$℃,从而导致漆面被灼蚀,出现用肉眼看不见的小孔洞,有些深达金属基材。若灼伤范围较大,分布密度较高,漆面就会出现严重程度的失光。因此,在汽车使用中应注意:一是炎热天气用冷水给车表降温后,要擦净漆表残存水滴;二是雨过天晴时,一定要把漆表雨滴去除。

## 二 漆面失光原因的判别

**❶ 自然老化导致失光**

当漆面无明显划痕时,用放大镜观察漆面斑点较少,此类失光主要由漆面出现氧化还原反应所致,属于自然老化失光。

**❷ 浅划痕导致的失光**

当漆面分布较多的未伤及底漆的划痕时,特别是在强光照射下尤为明显,此类失光主要是由漆表划痕所致。

**❸ 透镜效应导致的失光**

用放大镜仔细观察漆面,若发现车表有较多的斑点时,则说明漆面受透镜效应的侵蚀严重,此类失光多为透镜效应所致。

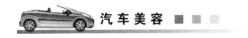

## 三 漆面失光的处理方法

### 1 自然氧化导致的失光

漆面无明显划痕或划痕轻微未伤及面漆层(浅划痕)。用放大镜观察漆面斑点较小。由于上述原因导致的漆面失光,通常可采用漆面翻新美容的方法进行处理。

1)车身漆面翻新美容的作用原理

车身漆面在进行翻新美容处理时,是通过静电、摩擦和抛光的作用原理来消除和改善漆面的一些缺陷的。处理时在抛光机上安装抛光盘,在漆面上抹上抛光剂,将抛光机转速调整为中速(1500~1800r/min),抛光盘配合抛光剂与车漆摩擦发生静电反应而产生静电,摩擦的同时产生热量使漆膜变软,毛细孔变大。在这种情况下,静电将漆面毛孔内的脏物吸出,抛光盘将漆面微观的氧化层磨掉,并将细微的伤痕拉平填满,同时抛光剂的一些成分溶入漆膜发生还原变化,所以漆面通过研磨抛光处理会改善缺陷的状况而变得光滑亮丽。

漆面翻新美容是汽车车漆美容护理技术中最主要的组成部分,翻新技术的好坏直接关系到汽车美容护理的最终效果,因此熟练掌握翻新美容技术是从事汽车美容护理服务的基础。

2)旧车漆面翻新美容施工工艺流程

车身清洗→漆面研磨→抛光→还原→打蜡或封釉

(1)车身清洗。脱蜡清洗液将车身漆面粉尘、油渍、泥沙及污垢等污物彻底清洗干净。

(2)漆面研磨。漆面需进行研磨处理时,首先要正确判断漆面的氧化程度、硬度和划痕的深浅,并能够针对不同的车漆和氧化程度等,采用不同的研磨剂和抛光方法。

漆面研磨处理步骤如下所述。

首先判断是否需要研磨处理:从车的不同角度来观察车漆的亮度,通过感觉光线的柔和度、反向景物的清晰度等来判断。如果景物暗淡、轮廓模糊、有轻微划痕则需进行研磨处理。

其次要选择正确的漆面研磨剂。研磨剂在分类上没有特别的定义,每个生产厂家的标准都不同,如果混合使用不同品牌的用品时,很有可能得不到满意的效果。所以,建议尽量使用同一品牌的系列用品进行研磨处理。

漆面研磨方法:

研磨时,首先用胶条把车身上所有与漆面相邻的金属件和橡胶件的边缘部分以及诸如车标、字母等都粘贴起来。将抛光机调整好转速。湿抛时(依据研磨剂的成分决定湿抛还是干抛)将抛光机的海绵轮用水充分润湿后,甩去多余水分,再取少量抛光剂涂于漆面,应每一小块作一次处理,不可大范围涂抹。从车顶篷开始,抛光机的抛光盘应平放于漆面上,保持与漆面相切,不可随意进行。

(3)抛光。如果漆面划痕不明显,目测观察时漆面景物暗淡、轮廓模糊,用手套上一层塑料薄膜纸来触摸漆面,如果感到发涩或有砂粒感时,可以不必进行研磨处理,直接进行抛光处理。

抛光处理时要用抛光机配合细的羊毛轮或海绵轮,以2200r/min左右的转速,力度要轻,进行抛光作业。

(4)还原。当整车漆面处理完毕后,漆面会很平滑、光亮,但有时会有一些极其细小的划痕或光环,为了保持该面的平滑和光亮,则必须进行还原处理。还原时使用还原剂或增艳剂配合细的羊毛轮或海绵轮,以不超过2500r/min的转速,力度要轻,进行还原作业。

(5)打蜡或封釉。漆面经过以上工序处理已经变得光滑、亮丽,但为了保护车漆,还必须对漆面实施保护如打蜡或封釉。详见单元四课题四"打蜡上光"和课题五"封釉护理"。

至此,完成旧车漆面的翻新施工。施工中应该清楚每一道工序的目的。我们可以简单总结如下:研磨是去除车漆原有的缺陷,抛光是去除研磨遗留的缺陷,还原是找回车漆本来面目,打蜡或封釉是做出最终的镜面效果。

**❷ 自然氧化严重或透镜效应严重引起的失光**

指受污染的漆面粗糙失光但不须喷漆,用放大镜仔细观察漆面,会发现漆面有较多的斑点,则说明漆面受侵蚀严重。由于上述原因导致的漆面失光,要求进行重新涂装翻新施工。这部分工作一般由汽车修理厂实施。

### 四 防止漆面失光的方法

**❶ 正确进行日常护理**

从漆面失光原因的分析中,得知日常护理时洗车不当、擦车不当以及选用的清洗剂、护理剂和清洗护理的方法不当等,均可导致漆面失光,相应地从这些方面采取措施,即可预防漆面失光。

**❷ 选装相应装置和采取对应措施,预防失光现象发生**

(1)加强日常护理,防止漆面失光。
(2)为停放较长时间的车辆罩上防潮防蚀罩,并选择适合的车库停放。
(3)加强护理,加装汽车防静电装置,解决汽车运行中形成所谓"交通膜",防止漆面失光。
(4)及时护理,消除残存于漆面上的雨滴,防止透镜效应的产生。

## 课题四 漆面划痕处理

现代汽车的漆面结构从外到内依次为清漆、色漆、底漆及金属底材。汽车在使用过程中由于摩擦碰撞等原因都会造成漆面出现深浅不一的划痕,如不及时进行处理,不但影响美观还会使漆面加速损坏,从而导致车身的防腐性和耐候性下降,影响汽车的使用寿命。

因此，必须对划痕进行处理。

## 一　汽车漆面划痕的产生和种类

### 1　汽车漆面划痕的产生

汽车漆面划痕是漆面表面出现的线条痕迹，其产生的主要原因有以下几项：

（1）擦洗不当。汽车在擦洗中，若清洗剂、水或擦洗工具（海绵、毛巾等）中有硬质颗粒，都会使漆面生划痕。

（2）护理不当。在给漆面抛光时，若选择的打磨盘粒度较大，打磨用力较重或打磨失手，都会在漆面表面上留下不同程度的划痕。还有在打蜡时，如蜡的品种选择错误，误把砂蜡用在新车上，会打出一圈圈的划痕。

（3）刮擦。汽车在行驶中与其他汽车产生刮擦，与路边树枝产生刮擦，以及暴风、砂尘天气与"飞砂走石"产生刮擦都会造成漆面划痕。

汽车在使用过程中，由于摩擦、碰撞等因素，不小心划伤漆面，造成漆面出现深浅不一的划痕，如不及时进行处理，不但影响汽车的美观，而且会导致车身防腐性和耐磨性下降，进而影响汽车的使用寿命。

不规范的洗车对漆面造成的伤害。如冲洗车辆时水枪压力过大，清洗程序或手法不正确，表面附有尘埃时，用抹布或毛巾擦拭，使车漆表面出现微小划痕。

汽车由于各种事故等发生漆面修补喷漆，在修理厂由于错误的操作或材料选用不当而使漆面产生许多缺陷（橘皮皱纹、失光、雾漆）。

### 2　汽车漆面划痕的种类

汽车漆面划痕根据其深浅程度不同分为浅度划痕、中度划痕和深度划痕3种类型。浅度划痕指表面漆轻微刮伤，划痕穿过清漆层已伤及色漆层，但色漆层未刮透，如图6-8所示。中度划痕指色漆层已经刮透，但未伤及底漆层，如图6-9所示。深度划痕指底漆层已刮透，可见车身的金属表面，如图6-10所示。

图6-8　浅度划痕示意图

图6-9　中度划痕示意图

汽车漆面划痕可以更细化地分为发丝划痕、微度划痕、中度划痕、深度划痕、创伤划痕5种。汽车漆面划痕示意图如图6-11所示。

（1）发丝划痕。发丝划痕是指只伤及汽车最表层漆膜的轻微划痕。高速行驶中，即使是空气中的烟尘沙土,都可能给车漆表面造成细微的发丝划痕。

(2)微度划痕。比发丝划痕要深,对于多工序面漆而言,因色漆层上还有一层罩光清漆,所以微度划痕损伤的是最外层的罩光清漆层,且未伤透罩光清漆层,对于决定车身颜色的色漆层并无妨碍。

(3)中度划痕。中度划痕是指损伤已经完全破坏表层漆膜,且已伤及色漆层或中涂漆层的划痕。

图6-10 深度划痕示意图

(4)深度划痕。深度划痕对车身的破坏比较明显,一般由轻微地碰撞刮擦造成,伤痕深度大,往往划透所有涂层,严重时甚至会导致车身金属板材发生变形,因为深度划痕将所有涂层都破坏掉了,制造时对车身所做的防腐涂层也可能被破坏,以致金属板材暴露,导致金属板材氧化生锈,降低使用寿命。

(5)创伤划痕。使金属层受到严重伤害的划痕。

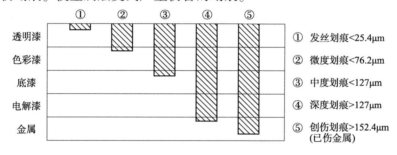

图6-11 汽车漆面划痕示意图

## 二 汽车漆面浅度划痕的处理

### 1 漆面浅划痕修复的基本方法

(1)漆笔修复法。用相近颜色的漆笔涂在划伤处即为漆笔修复法。

(2)计算机调漆喷涂法。结合计算机调漆并采用新工艺方法的划痕修补技术,是一种快速的技术修复,但要求颜色调配准确,修补的面积尽可能缩小,再经过特殊溶剂(驳口水)处理后,能使新旧面漆更好地融合,达到最佳附着。

(3)抛光法。对于一般的极浅的浅划痕,可用抛光机来进行抛光,如果相对的深一点的,可以用P2000号砂纸进行一下打磨,然后再进行抛光,这样就可恢复其原有的漆膜了。

现以抛光法为例,具体操作如下:

①清洗。首先要将漆面表层的上光蜡薄膜层、油膜及其他异物除掉,方法是采用脱蜡清洗剂对刮伤部位进行清洗,然后吹干。

②打磨。根据划痕的大小和深度,选用适当的打磨材料,如P1500~P2500号水砂纸,9μm的磨片或美容泥对刮伤的表面层进行打磨。打磨一般采用人工作业,也可以用研磨(抛光机或打磨机)进行打磨抛光。打磨时要注意不能磨穿漆面层,如漆面层被磨穿,透

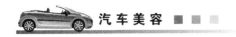

出中涂漆层,则必须重新喷涂漆面进行补救。

③还原。经打磨抛光的漆面已基本清除微度划痕,对打磨抛光作业中残留的一些发丝划痕、旋印等,可通过漆面还原进行处理。其方法是:用一小块干净的无纺布将还原剂均匀涂抹于漆面,然后抛光至漆面层与原来的涂层颜色完全一致为止。

④上蜡。上蜡时,将汽车整个表面同时打蜡抛光一遍。方法是:用洁净的棉纱将蜡质全部擦净后,再涂上光蜡,至漆面清晰光泽显目为准,最后用绒布均匀擦拭一遍即可。

⑤质检。上述工序完成后,还需对修补表面外观质量要进行检查,检查的重点是涂层的色泽必须与原漆面完全一样,若有差异说明表面清理和打蜡抛光没有完全按照要求操作,必要时应进行返工。

**2 漆面浅划痕处理应注意的问题**

(1)在进行漆面浅划痕处理施工前,待处理表面必须进行清洁和开蜡。

(2)抛光剂不可涂在抛光轮上,应用小块毛巾均匀涂抹于漆面待处理部位。

(3)抛光剂涂抹面积要适当,即可便于抛光操作,又要避免未及时抛光出现干燥现象。

(4)抛光时,要掌握好轻重缓急,漆面瑕疵多的地方要重,要缓慢;去时重,回时轻;棱角边处抛光要轻;来回抛光速度要快。

(5)抛光时,应及时洒水,洒水最好雾状喷洒,防止因水流过大,冲去抛光剂。

(6)欧美汽车的面漆涂层一般较厚,而日本、韩国及国产车辆面漆涂层一般较薄。在抛光时要注意把握好分寸,千万别抛露面漆。

(7)抛光作业可以手工完成,在手工抛光时,应注意抛光运动路线不可胡乱刮擦、环形运动,应该以车身纵向平行线为准往复运动。

总之,抛光作业是面漆划痕处理的核心技术,抛光剂的选择、抛光剂的用量、抛光机的正确使用,以及抛光程度的鉴定等事项,要在实践过程中不断探索和总结经验,才能提高技术水平。

## 三 汽车漆面中度划痕的处理

中度划痕汽车漆面的色漆层已经被刮透但未伤及底层涂漆,其处理方如下:

**1 打磨**

(1)检查底层涂漆是否附着完好。

(2)对中涂层及面漆层的划伤部分进行打磨,使之平整、光滑。

(3)对损伤部位的边缘进行修整,使其边缘不见刮伤的涂层为止,必要时可适当扩大打磨面积。

**2 清洗、干燥**

(1)清洗表面,使用烘干设备干燥。

(2)用专用清洗剂去除打磨表面的油污、石蜡及其他异物。

### ❸ 中涂层涂装

(1) 确定施工工艺参数。根据不同的涂料确定施工黏度、雾化压力、涂装距离、干燥温度、干燥时间等确定参数。

(2) 中涂底漆喷涂。对不喷涂的部位进行遮盖后喷涂中涂底漆。

(3) 中涂底漆干燥。若修补面积不大,可采用室温自然干燥,但时间较长;一般常用远红外线干燥灯或远红外干燥箱(反射式)进行局部干燥。

(4) 中涂层漆面打磨清洁。中涂层漆面干燥后,用P320号砂纸对补涂的漆面进行轻轻打磨,使之光滑平整,用手触摸无粗糙感觉为准。打磨方法有干式打磨和湿式打磨两种。

干打磨时,用压缩空气吹净打磨部位,再用清洁的黏性抹布把浮灰等彻底擦净;湿打磨时,用P320号的水磨砂纸对修补的中涂层进行表面打磨,同样打磨到用手触摸无粗糙感为止,并用水冲洗干净,将水擦净、晾干或用压缩空气吹干,最好还是用远红外线灯箱烘干。

### ❹ 面漆涂装

(1) 第一道面漆。首先是将已选好的漆面,按施工条件的要求,调配到规定的工艺条件允许范围内,然后进行喷涂。然后采用特制的远红外烘烤灯或烘烤箱进行局部烘干。烘烧的温度和时间取决于现场的实际状况而定,但必须要达到烘烧的质量要求。可用棉球法测定漆膜表面是否实际干燥。最后用P320号砂纸进行漆面打磨,使漆面涂层表面平整光滑,并用抹布、压缩空气边吹边擦,最后用带黏性的抹布将表面彻底擦净。

(2) 第二道面漆。喷漆、烘干与第一次相同,此次面漆打磨是直接影响到涂层表面质量的最后打磨工序,应特别注意打磨质量。采用P500~P600号砂纸轻轻湿打磨,消除涂膜缺陷,然后再进行烘干。

### ❺ 清漆涂装

第二道面漆喷涂打磨干燥后,应在喷涂一层清漆。

(1) 施工条件。

以清漆漆KH—24为例,采用专用稀释剂KH—24;稀释率14%~16%;稀黏度24~25s;施工固体分质量分数46%;稳定性静置48h。

(2) 涂装方法。

喷涂次数5~6次,目标厚度35~40μm。每次之间流平3~5min;最后一次流平时间7~10min。

(3) 干燥。

干燥温度140℃,干燥时间30min。若在干燥室内采用保持式干燥时间为20min。若是局部小范围的干燥,采用远红外线加热器进行烘烧,时间以实际干透为准。

### ❻ 抛光上蜡

(1) 先用棉布、呢绒、海绵等浸润抛光剂,进行抛光,然后擦净。

(2) 再涂上光蜡,并抛光。

## 四 汽车漆面深度划痕的处理

对深度划痕首先应清除损伤板面的旧漆层,用钣金或焊装等方法,修复好已损伤车身的板面,达到与原来的形状、尺寸、轮廓相同要求,然后进行修补涂装,其具体操作如下:

**1 表面处理**

(1)用带吸尘装置的打磨机清除表面旧涂层、铁锈,如有焊口则应使用砂轮打磨平整。用 P60 号干磨砂纸打磨,清除底层表面锈蚀和杂物。

(2)吹净灰尘,并用溶剂将划痕处洗净。

(3)涂上一层薄薄的防锈底漆。

**2 刮涂原子灰**

(1)将双组分原子灰覆盖在凹陷处。

(2)原子灰完全干燥后,用 P80～P240 号干砂纸将原子灰打平整。

(3)原子灰磨平后,换用 P320 号干砂纸打磨,并扩大到周边 10cm 左右的部位,为喷涂中涂漆做好准备。

(4)吹尘并用除油剂将打磨处擦净。

**3 喷涂中涂底漆**

(1)将不需喷漆的区域用专用胶纸遮盖。

(2)先用喷枪薄薄喷上一道中涂底漆,然后再喷第二层较厚的中涂底漆,并使其干燥。

(3)用 P400～P600 号砂纸将中涂底漆磨平。

(4)如果划痕处仍低于漆面,可再喷涂 3～5 层中涂底漆,并重复打磨清洁步骤。

(5)用 P1500～P2000 号砂纸将周围部分打毛,以增加新旧涂层的附着力,再用溶剂擦净。

**4 喷涂面漆与清漆**(以多工序面漆喷涂为例)

(1)每一层底色漆干燥后,用粘尘布轻轻除去多余的银粉后再喷下一层,直至中涂底漆完全被遮盖好。

(2)把喷枪气压调高至 150～200kPa,把握喷涂范围逐渐扩大,一层比一层稍宽以做过渡,从外至内喷涂,每一层干燥后,用粘尘布粘走多余银粉。

(3)喷涂底色漆直至接口位置已不明显,便可等待底色漆干燥,如果使用的是水性底色漆则需要用吹风枪加快底色漆干燥。

(4)完成底色漆喷涂并干燥后,用粘尘布清除工件表面多余银粉,准备喷涂清漆。

(5)喷涂第一层清漆,完全覆盖底色漆范围。

(6)第一层清漆的闪干时间过后,喷涂第二层清漆,需完全覆盖第一层清漆的范围,直至预定的接口位置。

(7)完成清漆喷涂,立刻换上驳口水或在原有的清漆中加入接口添加剂或稀释剂,对接口位置进行适当的喷涂。

**5 抛光上蜡**

(1)将喷涂完并干燥后的车身上的遮盖物拆除。
(2)用极细的砂纸带水将车身表面满磨至涂膜表面光滑平整为止。
(3)用抛光蜡抛光。先用抹布将涂层表面擦净,用呢绒、海绵等浸润抛光蜡进行抛光。
(4)抛光之后再用上光蜡抛出光泽,使其表面光亮如新。

单元小结

(1)汽车漆的组成为成膜物质、颜料、溶剂和添加剂。
(2)车身漆面按根据车身漆面的形成条件划分为原厂漆面和修补漆面;按漆面劣化、损坏的程度划分为新车漆面、轻微损伤漆面、擦伤的漆面、划花的漆面、碰撞伤的漆面和劣质老化的漆面。
(3)汽车漆鉴别的方法有目测法、溶剂法、加热法、漆膜硬度法和硝化棉检定液法等。
(4)在汽车美容业中,漆面美容主要分修复美容、护理美容及翻新美容三类,主要内容有漆面失光的处理和漆面划痕的处理。
(5)汽车漆面美容护理的主要内容是研磨、抛光和还原。
(6)漆面研磨是漆面美容护理的第一道工序,通过研磨/抛光机并配合研磨剂在车身漆面高速旋转产生摩擦,以去除漆面氧化层、轻微划痕等缺陷所进行的作业。
(7)漆面抛光是紧接着研磨的第二道工序,车漆表面经研磨后会留下细微的打磨痕迹,漆面抛光就是去除这些痕迹所进行的作业。
(8)漆面还原是研磨、抛光之后的第三道工序,它是通过还原剂将车漆表面还原到"新车"般的状况。
(9)汽车漆面失光的原因有自然老化、日常保养不当和透镜效应等。
(10)汽车漆面失光的处理方法有自然氧化导致的失光采用漆面翻新美容的方法进行处理,自然氧化严重或透镜效应严重引起的失光采用重新涂装的施工方式。
(11)防止漆面失光的方法主要有正确进行日常护理、选装相应装置和采取对应措施。
(12)汽车漆面划痕可以分为发丝划痕、微度划痕、中度划痕、深度划痕、创伤划痕5种。其汽车漆面划痕产生的原因主要有擦洗不当、护理不当和刮擦。
(13)汽车漆面划痕的处理主要有浅度划痕的处理、中度划痕的处理和深度划痕的处理。

## 技能训练一 漆面研磨/抛光

**1 目的与要求**

(1)知道研磨/抛光所需用品和设备。
(2)明确研磨/抛光作业项目。

(3)掌握研磨/抛光工艺流程和操作方法。

**❷ 训练的主要内容**

(1)研磨/抛光用品的选用。
(2)研磨/抛光操作练习。

**❸ 训练前准备**

(1)用品准备:毛巾、清洗剂、研磨剂/抛光剂和还原剂等。
(2)设备准备:研磨/抛光机、清洗机等。
(3)车辆准备:准备一辆车身表面需要研磨/抛光的车辆。

**❹ 操作步骤**

(1)漆面清洁。将清洗剂喷于车表,洗净并擦干。
(2)选择研磨剂。根据漆面质量及状况,如厚度、硬度、耐磨性、污染程度等合理选择合适的研磨剂。
(3)准备研磨机。将海绵研磨盘浸湿后安装在研磨机上。
(4)涂抹研磨剂。先将研磨剂摇晃均匀,然后倒在漆面上,用研磨盘将研磨剂涂抹均匀。
(5)研磨。
①将研磨机转速调整到1400~1800r/min,启动研磨机。
②保持研磨盘与漆面基本平行,沿车身方向直线来回移动。
③研磨盘经过的长条轨迹之间相互覆盖1/3,不漏大面积漆。
④一般先研磨右半车身,然后再研磨左半车身,右半车身研磨部位的顺序,左半车身按相同的顺序研磨。
⑤如先进行的是深切研磨,研磨后还应分别使用中切和微切研磨剂对漆面进行研磨。
⑥对于车身边缝、保险杠等不宜使用研磨机研磨的位置,可用干毛巾沾研磨剂采用手工方法进行研磨。
(6)抛光。采用机械抛光机,加上镜面处理剂抛去粗研磨膏留下的旋印,达到漆膜镜面抛光的效果。
(7)还原。抛光结束后,使用专用的还原剂进行还原操作。
(8)清洗并验收。整个过程结束后,用清水对整个车身进行清洗并擦干,如图6-12所示。

## 技能训练二　漆面失光处理

**❶ 目的与要求**

(1)知道漆面失光处理所需用品和设备。
(2)明确漆面失光处理作业项目。
(3)掌握漆面失光处理工艺流程和操作方法。

**❷ 训练的主要内容**

(1)漆面失光处理用品的选用。

单元六　汽车车身漆面的美容

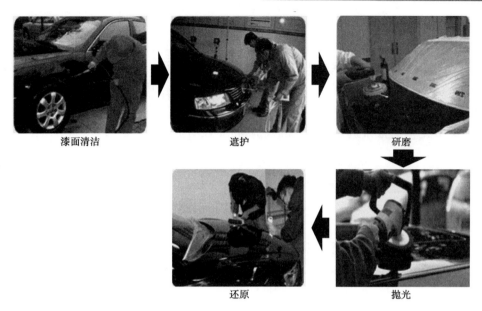

漆面清洁　　　　遮护　　　　研磨

还原　　　　抛光

图6-12　漆面研磨/抛光操作示意图

(2)漆面失光处理操作练习。

### ❸ 训练前准备

(1)用品准备:清洗剂和研磨剂。
(2)设备准备:研磨/抛光机、清洗机、喷壶和毛巾。
(3)车辆准备:准备一辆车身表面需要失光处理的车辆。

### ❹ 操作步骤

(1)漆面清洁。按车表清洗操作对全车进行清洗,并仔细检查车漆,若仍有污垢及残蜡,应进行精细清洗及脱蜡清洗作业,并将车擦干。

(2)遮罩。对于不需要抛光的板块可以用遮罩纸与胶带将其遮盖起来,对于电镀装饰条及车窗防雨密封条用纸胶带将其遮盖起来,前窗玻璃可用大毛巾遮盖。

(3)选定研磨剂。仔细鉴别漆面质量及状况,确定所使用研磨剂。研磨剂应优先选用微切研磨剂,如果漆面缺陷较为严重,则需选用中切或深切研磨剂。使用深切研磨剂后还应使用中切研磨剂和微切研磨剂对漆面进行进一步研磨。

(4)研磨/抛光机按准备到位。首先调整抛光机转速,其次海绵研磨盘浸湿后,安装在研磨机上,以低速空转几分钟,将多余的水分甩掉。

(5)涂抹研磨剂。先将瓶装的研磨剂上下左右摇晃均匀,然后倒在待抛车身漆面上,再用研磨盘将研磨剂涂抹均匀。

(6)研磨。
①将抛光机按转速调整到1400~1800r/min,启动研磨机。
②保持抛光机按与漆面平行,沿车身方向直线来回移动。
③往复直线移动研磨过程中,上下两次研磨盘移动的轨迹应有1/3覆盖。
④研磨过程中,应不时地向研磨部位喷涂洁净的清水,以保持研磨盘的湿润,降低研

磨表面温度。

⑤如先进行的是深切研磨,研磨后还应分别进行中切研磨及微切研磨。

⑥研磨时,可先研磨左半边或右半边,其顺序是右车顶→右前发动机舱盖→右前翼子板→右前车门→右后车门→右后翼子板→行李舱右侧,左边则反过来实施即可。

(7)清洗验收。漆面研磨后,应用清水对整个车身进行清洗并擦干,彻底洗去残余研磨剂。最后,对研磨效果进行验收,验收的标准是没有遗漏、漆面色泽一致;车漆无明显旋纹及划伤。

## 技能训练三　漆面划痕处理

### 1 目的与要求

(1)知道漆面划痕处理所需用品和设备。

(2)明确漆面划痕处理作业项目。

(3)掌握漆面划痕处理工艺流程和操作方法。

### 2 训练的主要内容

(1)漆面划痕处理用品的选用。

(2)漆面划痕处理操作练习。

### 3 训练前准备

(1)用品准备:遮蔽纸、棉布、车蜡、清洗剂和研磨剂等。

(2)设备准备:研磨/抛光机、清洗机、喷壶和烘烤灯等。

(3)车辆准备:准备一辆汽车表面需要深度划痕处理的车辆。

### 4 操作步骤(详细步骤不再叙述,其操作步骤如图6-13所示)

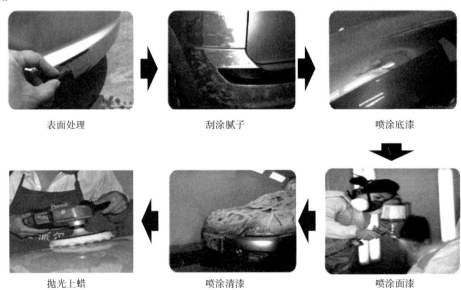

表面处理　　　　刮涂腻子　　　　喷涂底漆

抛光上蜡　　　　喷涂清漆　　　　喷涂面漆

图6-13　漆面划痕处理操作示意图

## 单元六　汽车车身漆面的美容

**(一)填空题**

1. 根据侧重点的不同,漆面美容可以分为＿＿＿＿＿、＿＿＿＿＿和＿＿＿＿＿。
2. 车身上的焦油、沥青、鸟粪、橡胶、漆点等非水溶性污垢可用＿＿＿＿＿清除。
3. 根据车身面漆漆膜构成,漆面分为＿＿＿＿＿、＿＿＿＿＿、＿＿＿＿＿。
4. 汽车漆面美容的主要内容有＿＿＿＿＿、＿＿＿＿＿和＿＿＿＿＿。
5. 在进行抛光操作前,如果涂膜缺陷严重需要研磨,应该选用＿＿＿＿＿号手工美容砂纸进行打磨处理。
6. 抛光蜡属于美容修复蜡,主要是由于蜡中含有＿＿＿＿＿。
7. 用于精细抛光,有助于消除抛光纹的抛光海绵是＿＿＿＿＿。
8. 车身表面的抛光是通过＿＿＿＿＿、＿＿＿＿＿和抛光的作用原理来消除车身漆面的＿＿＿＿＿改善车身的漆面缺陷。
9. 漆面失光的原因有＿＿＿＿＿、＿＿＿＿＿和＿＿＿＿＿。
10. 漆面研磨时,采用的研磨材料有微切研磨剂＿＿＿＿＿和＿＿＿＿＿。
11. ＿＿＿＿＿导致的失光。漆面无明显划痕,用放大镜观察漆面斑点较小,这类失光原因大多是氧化还原反应所致。
12. 漆面浅划痕修复的基本方法有:＿＿＿＿＿、＿＿＿＿＿和＿＿＿＿＿三种。
13. 漆面划痕处理的核心技术为＿＿＿＿＿。
14. 漆面中度划痕处理时采用的砂纸是＿＿＿＿＿。

**(二)判断题**

1. 漆面处理服务项目可分为氧化膜、飞漆、酸雨处理,漆面深浅划痕处理,漆面部分板面破损处理。　　　　　　　　　　　　　　　　　　　　　　　　　　　(　　)
2. 车身美容所包括汽车清洗。　　　　　　　　　　　　　　　　　　　　(　　)
3. 擦伤的漆面是指损伤仅仅伤及漆面,漆面无刮痕,钣金未变形。　　　　(　　)
4. 汽车车身进行抛光修复浅划痕后,不需要还原剂进行保护。　　　　　　(　　)
5. 抛光的作用是清除研磨留下细微划痕。　　　　　　　　　　　　　　　(　　)
6. 对漆面进行深切研磨时,应选用 P400～P600 的研磨剂。　　　　　　　 (　　)
7. 漆面无明显划痕,用放大镜观察漆面斑点较小,这类失光原因不是氧化还原反应所致。　　　　　　　　　　　　　　　　　　　　　　　　　　　　　　(　　)
8. 旧车漆面翻新美容施工工艺流程为车身清洗→漆面研磨→抛光→还原→打蜡或封釉。　　　　　　　　　　　　　　　　　　　　　　　　　　　　　　(　　)
9. 在进行漆面失光处理时,可以不进行打蜡处理。　　　　　　　　　　　(　　)
10. 漆面划痕过深伤及底材时仍可采用抛光方式进行修复。　　　　　　　(　　)
11. 漆面划痕处理时,清洗剂不属于划痕处理的用品。　　　　　　　　　　(　　)

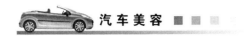

12. 喷涂清漆是漆面深度划痕处理中可有可无的步骤。　　　　　　　(　　)

(三)简答题

1. 简述汽车车身漆面的美容护理的功用。
2. 漆面翻新美容中要注意哪些问题?
3. 如何鉴别汽车漆面?
4. 简要复述抛光美容的工作流程。
5. 抛光适用于汽车哪种情况的处理,并简述其过程。
6. 简述汽车车身漆面的美容护理的功用。
7. 确定漆面失光的原因及处理方法,说出喷漆目的。
8. 车身涂层损伤有哪几种?对应的修复工艺是什么?
9. 如何正确规范地进行底漆喷涂作业?
10. 浅度划痕修复的操作要领是怎样的?

# 单元七　汽车玻璃贴膜

**学习目标：**
1. 了解太阳膜的概念及发展历程和太阳膜的选择技巧；
2. 理解太阳膜的分类和作用以及贴膜注意事项；
3. 掌握贴膜方法。

**建议课时：**
6课时。

## 课题一　汽车太阳膜的基本常识

###  一　太阳膜的概念

在汽车玻璃表面粘贴的膜俗称太阳膜，汽车贴膜是为了预防夏季灼热的阳光以及紫外线光。太阳光可分为3%紫外线，44%可见光以及53%红外线。紫外线对人体的危害影响最大，会造成皮肤晒伤、老化，甚至白内障、皮肤癌。此紫外线对汽车的影响包括使真皮座椅、内饰褪色。红外线是热辐射的因子，它使车厢温度升高，塑胶材质乳化，让人感觉不适，冷气负荷也跟着变大。想要隔绝紫外线及红外线，最好的办法就是张贴隔热膜。高档汽车隔热防爆膜对红外线的阻隔率可达88%，对紫外线的阻隔率全部达到99%以上，逼走热气，使车主在烈日当空下也能舒适的开车。

###  二　太阳膜的发展历程

**1. 第一代汽车膜——涂布与复合工艺膜**（早期叫太阳纸，也叫"茶纸"）

太阳纸主要的作用是遮挡强烈的太阳光，这类汽车膜是较早期出品的，基本不具备隔热的作用,非常容易褪色(通常变为紫色),并且在长期使用后易起泡。

**❷ 第二代汽车膜——"染色膜"**

市场上常见的染色汽车膜采用的是深层染色手法,以深层染色的手法加注吸热剂,吸收太阳光中的红外线达到隔热的效果,但吸热饱和之后会产生远红外线进行二次辐射,对人体伤害更大。同时由于吸收了可见光,导致可见光穿透率不够,加上本身工艺所限,清晰度较差。染色膜的另一大弱点是隔热功能衰减很快,而且容易褪色,只是其价格相对较便宜。

**❸ 第三代汽车膜——"真空热蒸发膜"**

"真空热蒸发膜"采用的是真空热蒸发工艺,是将铝层蒸发于基材上,达到隔热效果。这也就是通常所说的金属膜领域,大多数只含单层金属,且金属层不均匀,虽具备较持久的隔热性,但弱点在于清晰度不高,影响视野舒适性,另一大突出弱点是反光较高。类似于镜面的高反光,容易造成光污染,有些产品为减少反光;在膜内的胶中掺有染色剂,易老化褪色。

**❹ 第四代汽车膜——"金属磁控溅射膜"**

磁控溅射工艺经历了多种技术革新,可将镍、银、钛、金等高级宇航合金材料采用最先进的多腔高速旋转设备,它利用电场与磁场原理高速度高力量地将金属粒子均匀溅射于高张力的PET基材上(可实现多层金属同时溅射在一张膜上),依靠反射,高效率阻隔红外线的热量。但是由于金属层较多较厚,会一定程度上影响通信信号,且反光较高,若使用保养不当则容易出现氧化现象影响隔热性能和美观度。

**❺ 第五代汽车膜——"陶瓷膜"**

"陶瓷膜"有别于传统膜用金属或染工艺制造的隔热膜种,在国际上称之为"IR膜"或"吸热"膜,通过含有ITO\ATO(金属氧化物粉末)的涂覆层对红外线、紫外线进行强吸收,相对于金属膜优点是解决了氧化问题、金属层屏蔽问题。但其吸收的热量达到一定饱和度时就失去了隔热作用,而且对施工要求较高,稍有不慎会将膜体烤坏呈现出陶瓷裂纹或气泡。

## 三 太阳膜的分类

目前,市面上的太阳膜的等级大致可分为三种。

第一种是"染色膜",也就是一般所称的普通太阳膜。这种太阳膜几乎没有隔热效果,而且影响视线,耐磨性较差,易褪色,受热后会散发异味气体。

第二种是"半反光纸"。这种太阳膜多数是汽车公司赠送给用户的,表面镀有高反射的蒸发铝,隔热率大约为20%~30%,缺点是易被氧化腐蚀。所以买新车时要特别注意汽车公司所赠送的是否属于这一类。

第三种是具有双重效果的防爆太阳膜。防爆太阳膜具有耐磨、半反光和防爆的功能,万一碰到碰撞,玻璃破碎时,还可以有效防止碎片飞散,不会危害到驾驶者的安全,安全性相当高。隔热率可以达到50%以上,是目前汽车用太阳膜的主流。

## 四 太阳膜的性能指标

**1 清晰性能**

这是汽车太阳膜最重要的性能,因为清晰性能直接关系人身安全。不论太阳膜的颜色多深。但在夜间倒车时,应视野清晰而绝不模糊,从后视镜和后风窗能看到60m以外的物体。而劣质膜拿起来看时,会有雾蒙蒙的感觉。

**2 隔热率**

隔热率是体现过热性能的重要指标。目前优质的防爆膜隔热率在50%以上(更高的可达到70%以上),高透光,可提高舒适性,降低空调负荷,节省燃油。

**3 防爆**

防爆是指汽车在发生碰撞时,不会因为玻璃的飞溅而造成人身伤害。这也是汽车太阳膜的一个重要性能。当太阳膜满足防爆要求时,太阳膜越薄越好。薄片越薄,清晰度越高。

**4 紫外线阻隔率**

对于防爆太阳膜来说,紫外线阻隔率基本性能必须达到98%以上。好的太阳膜能有效防止乘员被过量的紫外线照射,灼伤皮肤。同时,还能保护车内音响等装饰不会被晒坏、褪色、老化,而劣质膜很多没有这一指标,或者远低于98%的标准。

**5 颜色**

防爆太阳膜通常是采用本体渗染和溅射金属着色的方法令膜有颜色。市场上很多低档劣质太阳膜是不易褪色的,尤其是自然色的太阳膜。市场上很多低档劣质太阳膜,大多采用粘胶着色法来着色。那就是在粘胶中加入颜料,然后涂在无色透明膜上是膜有颜色。这种太阳膜不耐晒且很容易褪色,严重的会褪色成无色透明。

**6 胶与颗粒泡**

胶当然是越薄越好。因为胶会老化,胶层越厚老化越快,会影响太阳膜的寿命。更重要的是会影响膜的清晰性能,所以高质量膜的胶层很薄,颗粒泡是由于空气中漂浮的尘埃产生的。在贴膜的过程中是不可避免的。胶层厚了,贴膜时能将尘埃压进胶里,所以颗粒泡并不明显。高质量太阳膜的胶层很薄,颗粒泡就比较明显。这也是区分太阳膜好坏的一个重要方法。

**7 防眩光**

防眩光就是在面对阳光开车或夜间会车时,可消除刺眼的感觉。对于汽车太阳膜来说,这个性能也很重要。

**8 膜面防划伤层(耐磨保护层)**

优质高档的太阳膜表面都有一层防划伤层,在正常使用下能保护太阳膜面不易划伤,

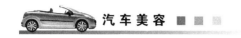

而低档太阳膜就无此保护层,在贴膜时就会被工具刮出一道道刮痕,令太阳膜面不清晰。

## 五 太阳膜的作用

### 1 降低热损耗
冬天,可有效降低车内热损耗,优质的隔热防爆膜可降低热损耗达34%左右。

### 2 过滤强光
能有效过滤太阳光的刺目强光及夜间两车相会的眩目光,提升乘坐舒适性与行驶安全性。

### 3 阻隔紫外线
紫外线是太阳光谱中导致皮肤灼伤、皮肤癌,以及汽车仪表台、座椅及纺织品褪色变质的主要因素。太阳膜中含有吸收剂,所以它能吸收紫外线,使紫外线不能穿透,从而起到隔热作用。

### 4 保护人身安全
玻璃意外破碎后,隔热防爆膜能将破碎玻璃黏附于原处,阻止玻璃飞溅伤人,增强对意外事故、暴风雨等灾害的防范能力。

### 5 阻隔热量
专业的隔热防爆膜可阻隔太阳热量的50%~85%,显著降低车内温度,提高车内乘坐舒适性。

### 6 增强防盗性
隔热防爆膜的特殊结构与超强的黏附力,能大大增强玻璃强度,提升玻璃抗冲击性能,延缓盗贼得手时间。实验显示,当贴上高质量的汽车防爆膜后,击碎一块玻璃的时间从几秒钟延长至数十秒钟。据警方统计,10s的时间就足以让犯罪分子心中发慌,知难而退。

### 7 私密性
许多车主对私密性有较高的需求。特别的汽车隔热膜有很好的单向透视功能。膜片通过多次的物理反射后在膜的外表面形成了一定比例的外反光度,从外面看车内会产生视觉反射,从而不容易看清楚里面的人及物品,形成一定的私密性。

# 课题二 太阳膜的施工过程

## 一 太阳膜的选择技巧

### 1 挑选前窗膜
通过前窗玻璃进入车内的太阳热量是最大的,因此一定要挑选既隔热又透光的优质太阳膜。汽车太阳膜有前风窗膜、后风窗膜和侧风窗膜之分。其中,对太阳膜要求最高的是前风窗玻璃。按照国家公安部交通安全法规的规定,前风窗玻璃的透光率必须大于70%,以不影响行车安全为前提。前风窗玻璃最忌讳贴深色隔热膜。此外,在选择太阳膜的抗紫外线指数时,越高越好。因为能保护中控台零部件,防止被太阳长期照射提前老化。

前风窗膜和车身太阳膜一样也分反射膜和吸热膜两大类:

(1)吸热膜的隔热原理是在太阳膜里加了吸热层,将太阳光中的热量吸纳吸热层里,热量短时间内不会散发车内,超过其吸纳能力后其热量自然会释放出来(如同海绵吸水,吸满后自然会流水)。由于太阳膜是贴在玻璃里面,所以承受不了的热量只能向车内释放,贴吸热膜的玻璃会使玻璃产生高温,采用的基材足够清晰,即使颜色比较深的膜,看出去的景物也要透澈,不能昏暗、变形。

(2)反射膜的特殊效果(利用折射原理,将太阳光中的热量折返回去),不会使你的爱车玻璃产生高温(特别是前风窗玻璃,长时间的高温会使夹胶玻璃的胶层产生质变)。

### ❷ 挑选侧风窗膜

侧风窗玻璃太阳膜方面,同样以不影响车主观察后视镜为前提。侧风窗玻璃可选择的太阳膜较为灵活,颜色也比较多变。如有的车主喜欢偏蓝色的太阳膜等。此外,隔热膜的隔热效果与颜色深浅并没有直接的关系,隔热膜内的涂层工艺才是决定隔热效果的关键因素。

### ❸ 挑选防爆膜

传统意义上的"防爆膜"指镀有金属层的太阳膜,这类太阳膜比一般胶层染色膜档次高,价格也比较贵,但是不是所有的这类"防爆膜"都是真正意义上的防爆膜,都具备防爆防盗功能?

真正的防爆太阳膜(图7-1),主要是根据膜的厚度来分的,比如一般市场上看到几乎所有的太阳膜,不管是很便宜的,还是最贵的,厚度只有1.5mil,如果是1.5mil的厚度,在防盗方面,不管价钱昂贵与否,防盗性能是一样的,如果1.5mil的膜如果贴到其厚度10倍的玻璃上话,就可以做到防弹,比如贴在12mm或者15mm普通玻璃上就可以防弹。但是如果4mil以上厚的太阳膜,我们贴在普通玻璃上它就有一定的防盗的作用,

图7-1 防爆膜

这才是真正意义上的汽车防爆膜。它每平方厘米的抗张力要达到2000kg以上。而且贴膜之后如果汽车玻璃被撞击,车膜还能够防止破碎的玻璃飞溅伤人,很大程度上可以保护车内乘客不被玻璃扎伤。防爆膜也应该具有隔热,隔99%紫外线,表面具有防划伤层,拥有较好的透光率等性能。

## 二 汽车贴膜时的注意事项

(1)贴太阳膜的场地必须保持环境清洁,尽量不要使用电风扇,更不要在路边施工。

(2)车窗玻璃必须绝对清洁干净,要做到反复清洗,如果玻璃上残留有尘粒时,将会严重影响太阳膜的黏附力和清晰度。

(3)太阳膜仅贴于玻璃的内侧。

(4)曲面的预定型。贴于曲面的前后风窗玻璃上则技术要求很高,一般是利用该前后风窗玻璃的外侧对太阳膜进行加热预定型。预定型的方法是将太阳膜的保护膜朝外,铺于曲面玻璃的外侧,在太阳膜和玻璃之间洒上水,采用温度可调的电吹风对太阳膜进行加热,一边加热一边用塑料刮刀挤压玻璃上的气泡和水,使太阳膜变形,直至与玻璃的曲面完全吻合。需要特别留意的是,加热要均匀,不要过分集中,否则温度太高有可能造成玻璃开裂。

(5)贴膜过程。先在清洁的玻璃的内侧喷洒清水,然后撕去太阳膜的保护膜,对涂胶的表面也喷上清水,便可以将太阳膜贴于玻璃上,再用塑料刮刀进行挤压,去除太阳膜内的气泡和多余的水分。

(6)由于太阳膜是贴于车窗内侧的,贴膜前,应在车内空间喷洒清水,使尘粒尽快沉坠。贴膜时,尽管车内温度较高,但也不要使用车内的空调。

### 三 汽车膜施工流程与步骤

#### 1 第一步——施工准备

(1)检查车辆的外观。包括:车身漆面、汽车玻璃、真皮座椅以及车内物品(包括内饰、座椅、仪表板)如图7-2为检查漆面,如图7-3为检查玻璃,如图7-4为检查座椅,如图7-5为检查仪表板。如果有瑕疵或者有车主财物,需要提前提醒车主注意,并提示车主将贵重物品拿走。如图7-6为整理杂物。

图7-2　检查漆面　　　　　　　图7-3　检查玻璃

(2)清洁施工场地,做到地面干净,如果是无尘贴膜间,则打开喷雾,先做室内降尘处理,确保施工环境达到贴膜的要求。

(3)做好施工工具准备,包括烤枪、刮板、贴膜喷壶、裁膜刀、贴膜保护套装、施工大、小毛巾、门板保护膜及玻璃清洁剂等。大毛巾需要覆盖发动机盖,小毛巾覆盖仪表板,贴膜保护套装将车辆前后排座椅全部套好,门板保护膜用胶带贴好,以及必要的玻璃清洁剂。如图7-7所示。

单元七　汽车玻璃贴膜

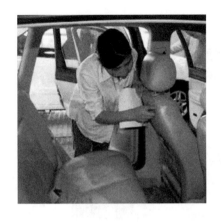

图 7-4　检查座椅

图 7-5　检查仪表板

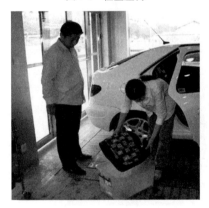

图 7-6　整理杂物

图 7-7　施工工具准备

**❷ 第二步——车窗清洗**

(1) 贴膜施工用水建议使用纯净水,勿使用自来水,因为自来水内含杂了沙粒和很多杂质,对于施工质量会产生严重影响。

(2) 清洗顺序:车窗外部清洗,沿汽车以顺时针方向移动(从副驾驶位置开始),每块玻璃的外表面应该很好地清洗,潜在的尘埃控制在最少程度,裁切操作期间使汽车膜牢牢地贴在玻璃上。确信轻微下降每块玻璃以擦洗玻璃的顶部,因为那儿有更多的尘埃。车窗内部清洗,除了玻璃表面,对于密封胶条,带有除雾金属线和边部有黑色装饰釉点,需要特别谨慎。要求用铁刮板小心的沿着玻璃表面轻轻地平滑用力清洁,在清洗后风窗玻璃时小心电热丝的保护,这主要是为了避免贴膜后隔热膜与玻璃之间存在沙粒或者其他物体影响施工质量。玻璃的内表面必须采用强力液体清洗剂清洗处理。大部分表面可用铲刀刮铲粘污物,再用尼龙软擦片擦洗油迹。风窗玻璃最后刮擦干净,边框用软布和擦洗纸擦干净,恢复玻璃表面的干净状态。如图 7-8 为车窗清洗。

**❸ 第三步——轮廓初裁**

(1) 用钢尺测量需要贴膜玻璃的大小,从裁膜台上裁下客户选购的隔热膜型号,一般要求比测量的数据大 5cm(前后玻璃)。

施工前对汽车玻璃的清洗

图 7-8　车窗清洗

（2）风窗玻璃外表面上喷洒少量的窗膜安装液，把窗膜覆盖其上，剥离膜朝外，经小心地滑动定位后，开始沿边框四周裁剪窗膜的大小。熟练的安装者能利用边框直接徒手裁剪，裁剪时切勿损坏边框。安装者常常选择先进行窗膜的裁切、修剪和安装所有的边窗玻璃，然后着手安装后窗玻璃。在理论上，先易后难是最好的安装次序。如图 7-9 为初裁。

图 7-9　车膜初裁

#### 4 第四步——热定形

(1)热定形工艺主要针对的是车窗前后风窗玻璃的弧度和球形弯曲。几乎所有前后风窗玻璃都有轻微的球形弯曲,妨碍窗膜在玻璃上铺平。在窗膜上的这种现象被称作为皱褶。采用便携热枪可把窗膜精确地收缩定形于大部分车窗的复合曲面上。消除在曲面上出现的皱折。而在过去大部分后窗玻璃要求裁切多片才能安装于球状曲面上。热枪热定形方法在装贴之前进行,不但可节省许多处理皱折的时间,而且能使窗膜外观更舒适漂亮。对加快安装工艺和产生最专业的安装效果,热整形可能是单个最重要的工序。

(2)为了确保整形后太阳膜更加精确的贴合玻璃的弧度,同时减少炸玻璃的几率,建议湿烤前进行干烤,以使太阳膜能够充分的预收缩。如图 7-10 为预收缩。

(3)太阳膜在经过了干烤后以基本成型,为了使膜更加吻合玻璃弧度,还需要喷水对膜湿烤用烤膜刮板定形。如图 7-11 为喷水,图 7-12 为刮膜。

图 7-10　预收缩

图 7-11　喷水

#### 5 第五步——轮廓精裁

(1)热定形后再对车膜进行精裁,按照车窗玻璃的尺寸和弧度进行进一步精细化剪裁,确保车膜的边缘平滑整齐,避免毛刺和锯齿状。如图 7-13 所示。

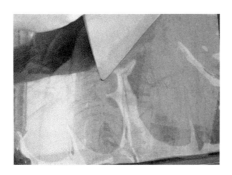

图 7-12　刮膜　　　　　　　　　图 7-13　精裁

（2）在对膜进行精裁过程中，建议有另外技师辅助进行，对在车内用电筒或照明灯照射，这样可以使车外的技师人员切割得更加精细，注意拿刀的力量，以免划伤玻璃。

**❻ 第六步——窗膜伏贴**

（1）撕开窗膜的保护膜，用安装液喷洒暴露的安装胶。这样压敏胶临时失去黏性，允许窗膜在干净的玻璃内表面平稳地滑动。在窗膜的粘胶表面喷洒安装液后，玻璃内表面也同样喷洒安装液。如图 7-14 为喷洒内膜。

（2）随着保护膜的剥离和安装液喷洒在玻璃与窗膜的粘胶层上，需注意对于面积大的前后风窗玻璃进行仔细和严谨的滑移，确保准确定位，如图 7-15 所示。

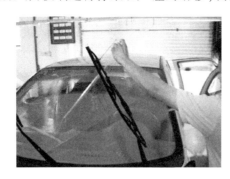

图 7-14　喷洒内膜　　　　　　　图 7-15　定位

**❼ 第七步——挤水工艺**

（1）用软刮板轻柔地将膜定位在玻璃上后，应立即在窗膜表面再次喷洒安装液，润滑需挤水的表面。

（2）为了避免对窗膜表面的划损，建议使用撕下的保护膜覆盖在窗膜之上，用硬刮板将膜与玻璃之间残留水分赶干净。专用的挤水工具习惯于排除所有"气泡"和尽可能多的安装液。在几天后驻留的水分慢慢地透过窗膜而排除，窗膜干燥的时间依赖于气候、湿度、窗膜的结构和挤水后残留水分的多少而变化。如图 7-16 为挤水。

**❽ 第八步——边缘检查**

（1）检查窗膜的所有边缘，并用硬刮板（或其他同系列工具）挤封。所有边缘必须挤封，以免在固化期间空气、水分、灰粒从边部渗入窗膜底下。

(2)挤封过程中,工具边缘需要薄吸水材料(纸巾或棉布)包覆以吮吸挤出的水分,如图 7-17 所示。

图 7-16  挤水

图 7-17  挤封

### ⑨ 第九步——清洁车辆

(1)当安装工作完成后,技师需要对所有车窗玻璃仔细地擦洗(内表面和外表面),去除条纹水迹和污迹给整个汽车光亮的外观。

(2)仔细查看问题区域:气泡、水泡或微小的纤维沿某一边缘被排除。专用硬刮板即可能排除大部分问题。

(3)收拾好贴膜工具,将大小毛巾、门板保护膜拆除,贴膜座椅保护套收好,残膜整理干净。在施工车辆的升窗按钮上粘贴好升窗警示小贴纸。

### ⑩ 第十步——车辆移交

(1)汽车擦净后驶到室外,实现最后的视觉检查。

(2)向前台交车,提示前台向客户解释质保流程和基本的保养和维护说明。必须提示客户三天之内不得升窗,等窗膜充分干燥粘贴后方可升窗,避免升窗导致的车膜翻卷和划损。

## 单元小结

(1)通过本章的学习,学生了解和认识了汽车太阳膜的概念、作用、分类等基本知识。

(2)对太阳膜的施工过程有个大致了解。

## 思考与练习

**(一)填空题**

1.目前,市面上的太阳膜的等级大致可分为_____、_____、_____三种

2.太阳膜的主要性能指标主要有_____、_____、_____、_____、_____、_____。

3.对于所接车辆的外观。包括：_____、_____、_____以及车内物品。

(二)判断题

1.贴太阳膜的场地必须保持环境清洁,尽量不要使用电风扇,更不要在路边施工。
(    )

2.随着保护膜的剥离和安装液喷洒在玻璃与窗膜的粘胶层上,需注意对于面积大的前后风窗玻璃。
(    )

3.挤封过程中,工具边缘不需要薄吸水材料包覆以吮吸挤出的水分。(    )

(三)简答题

1.汽车太阳膜的分类和性能指标有哪些?
2.简述汽车前风窗玻璃太阳膜的施工步骤。

# 参考文献

[1] 祖国海.汽车美容[M].北京:机械工业出版社,2005.
[2] 闫文兵,姜绍忠.汽车美容与装饰[M].北京:北京理工大学出版社,2007.
[3] 杨英,袁冬梅.汽车美容[M].重庆:重庆大学出版社,2006.
[4] 陆刚,肖艳.汽车的美容养护与装饰实例解读[M].北京:人民邮电出版社,2006.
[5] 刘晓锋,高婷婷.汽车美容与装饰[M].北京:科学出版社,2009.
[6] 谭维献.汽车美容[M].北京:北京理工大学出版社,2009.
[7] 鲁植雄.汽车美容[M].北京:人民交通出版社,2011.